Gerd Kulhavy, Christoph Winkler

„Danke … und werde glücklich!"

Dieses Buch ist für

mit den besten Wünschen für ein

gesundes, glückliches und erfolgreiches Leben

von

Gerd Kulhavy, Christoph Winkler

Danke ... und werde glücklich!

Rezepte für die Seele!

Mit einem Geleitwort von
Prof. Dr. Lothar Seiwert

Autoren zu Gast:
Andrea Schmidt-Schwonbeck
Claudia Scheelen
Sandra Reiser

happyness 4you

Die Deutsche Bibliothek verzeichnet diese Publikation
in der Deutschen Nationalbibliografie; detaillierte
bibliografische Informationen sind im Internet über
http://dnb.ddb.de abrufbar.

Gerd Kulhavy, Christoph Winkler:
„DANKE... und werde glücklich!" Rezepte für die Seele!
Gerd Kulhavy, Christoph Winkler. Mit einem Geleitwort von Prof. Dr. Lothar Seiwert

1. Auflage 2006

ISBN: 978-3-9814970-6-9
www.danke-und-werde-gluecklich.de

Neuauflage, 7. Auflage 2016
Mit Beiträgen der Gastautorinnen: Andrea Schmidt-Schwonbeck,
Claudia Scheelen, Sandra Reiser

Projektleitung: Jana Kulhavy, Stuttgart
Gestaltung, Satz und Layout:
h+m kommunikationswerkstatt GmbH, Schwäbisch Gmünd
Illustrationen: Alfred Marzell, Schwäbisch Gmünd

Verlag: happyness4you, Stuttgart

www.happyness4you.de
www.speakers-excellence.de

Mit Tatkraft, Willensstärke und Zielstrebigkeit

Wenn wir nicht von Zeit zu Zeit stehen bleiben und innehalten, rast das Leben an uns vorbei.

Diese Erkenntnis steht im Mittelpunkt meiner Vorträge und Bücher. Und: Natürlich gilt dies auch für meinen ganz persönlichen Umgang mit der Zeit. „Entschleunigung" heißt das Zauberwort im Kampf gegen die Uhr, die den rasanten Takt unseres Lebens bestimmt. Langsamkeit, Trödeln und Müßiggang halten die Hektik der Welt von uns fern. All das bringt Balance in unsere zeitverplanten Tage und gibt uns so jede Menge neue Energie und Muße für Kreativität.

Vielleicht gehören Sie ja auch wie ich zu den Menschen, die mit Freude in der Lektüre eines Buches versinken können? Bücher werden so zu Inseln der inneren Ruhe. Die Zeit scheint einfach stillzustehen. Die Probleme des Alltags sind vergessen.

„DANKE … und werde glücklich!" ist ein Buch für solche ganz besonderen Momente. Ich habe mich deshalb umso mehr gefreut, für dieses schöne Buch das Geleitwort zu schreiben. Gerd Kulhavy, Vorsitzender der Geschäftsleitung von Speakers Excellence, mit dem ich seit vielen Jahren freundschaftlich verbunden bin, und Christoph Winkler ist es auf unterhaltsame Art gelungen, unzählige Ideen und Anregungen für ein erfülltes Leben zusammenzutragen. So ist ein vergnüglicher Lesespaß mit vielen farbenfrohen Illustrationen entstanden. Eine inspirierende Entdeckungsreise, die zeigt, wie man die großen und kleinen Klippen des Lebens gelassen meistern kann.

Das ideale Geschenkbuch, um jemandem, der Ihnen wichtig ist, auf besondere Weise „Danke!" zu sagen. Natürlich können Sie sich mit diesem Buch auch selbst eine Freude machen und sich eine kleine Auszeit vom Alltag schenken.

Gönnen Sie sich und Ihren Lieben dieses Lesevergnügen und erfahren Sie Ihre ganz persönlichen Momente der Entschleunigung.

Herzliche Grüße

Prof. Dr. Lothar Seiwert

CSP (Certified Speaking Professional) und CSPGlobal
Bestsellerautor („Simplify your Life", „Simplify your Time")
und Top-Keynote-Speaker

www.Lothar-Seiwert.de

Inhalt

Rezepte für die Seele!

Kapitel IV

Tiefen & Schattenseiten des Lebens – Was bremst uns? Was wirft uns zurück?

Mehr über Delphi erfahren Sie auf Seite 13

Kapitel V

Säulen für mehr Lebenszufriedenheit

Vielen Dank

DANKE – ein Zauberwort, das uns täglich von Morgens bis Abends, geschäftlich wie privat, in allen Lebenslagen begleitet und uns und unseren Mitmenschen stets ein gutes Gefühl gibt. DANKE – ein Wort der Achtsamkeit und Wertschätzung. Und auch wir als Autoren sagen DANKE.

Zunächst möchten wir uns bei dem Mann bedanken, der uns zu dieser Arbeit inspiriert hat: Arthur Lassen. Er war es, der uns mit seinem Buch „Heute ist mein bester Tag“ Ideen, Mut und Kraft gegeben hat, unsere Gedanken zu entwickeln, niederzuschreiben und weiterzugeben.

Unser Wunsch ist es nun, dass Du durch dieses Buch selbst den Mut fasst, Deine eigenen kreativen Ideen zu verwirklichen und danach zu handeln. Sicher kann Dir das neuentwickelte Workbook dazu als Begleiter zur Seite stehen. Neben vielen praktischen Tipps und Übungen erwarten Dich inspirierende, zum Nachdenken anregende Geschichten und Zitate. Geschichten, die das Leben schrieb, Lebensgeschichten, die von Menschen geschrieben worden sind. In vielen dieser Geschichten werden Dir Lebensweisheiten auf eine indirekte, erfrischende und dennoch klare Weise vermittelt.

Sie zeigen Dir neue Möglichkeiten auf, wie Du mit mehr Lebensfreude, Gelassenheit und Gesundheit glücklicher und erfolgreicher Dein Leben gestalten kannst.

In unserer Neuauflage sagen wir besonders unseren drei Gastautorinnen Claudia Scheelen, Andrea Schmidt-Schwonbeck und Sandra Reiser herzlichen Dank! DANKE, dass ihr dieses Buch mit euren Beiträgen zu den Themen „Werte“, „Achtsamkeit“ und „Vergebung“ ein Stück mehr bereichert habt! Vielen, lieben Dank all denjenigen, die uns über Jahre mit viel Geduld und großem Engagement unterstützt haben, dieses Buch zu dem zu machen, was es heute ist – ein bunter Ratgeber für alle Lebenslagen.

Herzlichen Dank sagen wir dem Team der h+m kommunikationswerkstatt GmbH, hier insbesondere Thomas Henschke, der immer wieder auf ein Neues mit frischen Ideen das Layout gestaltete und Korrekturen einpflegte. Ein großes Dankeschön geht an den Illustrator Alfred Marzell. Durch seine vielen, kreativen Illustrationen ist die Neuauflage des Buches zu diesem fröhlichen Ratgeber geworden – ein Bilderbuch für Erwachsene. Lieben Dank sagen wir auch Sandra Nippert, die mit ihrem Talent für Sprachen, das Buch in der Endkorrektur las und dafür sorgte, dass der Fehlerteufel (fast) vertrieben wurde.

„Wir verlangen, das ganze Leben müsse einen Sinn haben – aber es hat nur ganz genau so viel Sinn, als wir selber ihm zu geben im Stande sind."

HERMANN HESSE

Und mein ganz besonderer Dank als Gerd Kulhavy gilt meiner lieben Frau Jana, die über Jahre das Buchprojekt unermüdlich betreut und begleitet und mir stets mit viel Liebe und Geduld zur Seite steht. Meine ganz besondere Inspiration und Motivation für dieses Buch ist unser wunderbarer Sohn Leon, der meinem Leben einen wahren Sinn gibt. Danke, dass es dich gibt!

Mein besonderer Dank als Christoph Winkler gilt meiner Frau Anna-Lena und meiner kleinen Tochter Clara Marie, die mir durch ihre Liebe zeigen, wie schön ein gemeinsames Leben ist. Danke ... Zudem möchte ich meiner und Anna-Lenas Familie für ihre Unterstützung, ihren Rückhalt und ihr Vertrauen „Danke" sagen.

Danke auch an all jene, die uns in unzähligen, intensiven und hochinteressanten Gesprächen über das Leben immer wieder neue Impulse für dieses Buch gaben. Hier sagen wir insbesondere Prof. Dr. Lothar Seiwert Danke, der dieses auch in seinem persönlichen Vorwort zum Ausdruck bringt.

Es gibt viele grundlegende Lebensweisheiten und Regeln für Glück und Erfolg, die schon seit Hunderten von Jahren gelten. Auch wenn sich die Technologie rasant verändert hat, so ist doch der Wunsch der Menschen, geliebt, akzeptiert und anerkannt zu sein stets der Gleiche geblieben. Diese Regeln, Wegweiser auf dem Weg zum Erfolg, wollen wir Dir, lieber Leser, gerne in unserem Buch zeigen, damit sie auch in Deinem Leben positiv wirken.

Wir wünschen Dir nun viel Spaß auf Deiner Lese-Reise durch dieses Buch, viele Erkenntnisse, spannende inspirierende Entdeckungen und vor allem viel Freude. Es wird Dich auf Deinem ganz persönlichen Weg zum Erfolg ganz sicher einen Schritt weiterbringen – und genau das wünschen wir Dir.

Herzlichst Deine Autoren

Gerd Kulhavy & Christoph Winkler

Danke

PS: Auf Eure Erfahrungen, die ihr mit diesem Buch macht, freuen wir uns schon jetzt. Sendet uns einfach Eure Erlebnisse per Post oder E-Mail zu. Bereits im Voraus lieben Dank dafür!

„Die Erde ist eine Schule
und das tägliche Leben
unser Klassenzimmer."

DAN MILLMAN

Darf ich mich vorstellen: Ich bin Delphi!

„Danke ... und werde glücklich – Rezepte für die Seele“ ist Dein persönlicher Wegbegleiter auf Deiner eigenen Entdeckungsreise zu Dir selbst, der Entfaltung der Persönlichkeit, die Du bist und sein wirst. Auf dieser Reise möchten wir Dir gerne einen Wegbegleiter mitgeben – sein Name ist Delphi. Dieser Delphin wird als Tippgeber immer wieder auf den Seiten dieses Buches erscheinen, um Dir neue Anregungen zu liefern, wie Du Dein jetziges Leben in der Zukunft noch interessanter gestalten kannst.

Wir stellen ihn an Deine Seite, weil wir Dich mit Delphis Hilfe dabei unterstützen wollen, die Aufgaben Deines Alltags noch mehr anzunehmen und als Lektionen anzusehen, aus denen Du lernen kannst. Delphi steht für die Konzentration auf die guten Aspekte des Lebens, welche mindestens die Hälfte des Lebens ausmachen. Als dieses Symbol soll er Dich dazu antreiben und motivieren, weiter zu lernen, zu wachsen, und jeden neuen Tag ein Stückchen weiser und glücklicher Dein Leben zu leben.

WORK BOOK

Delphi ist auch Dein Begleiter im neuen Workbook zu diesem Buch. Alle Übungen und Tipps, die im Buch mit einem roten Button mit der Aufschrift **WORKBOOK** markiert sind, findest Du auch im Workbook. Nutze das Workbook, um Deine Gedanken, Gefühle und Ziele zu den einzelnen Aufgaben und Lektionen zu notieren.

Nimm die Herausforderungen des Lebens an und genieße die Momente Deines Lebens. Erfreue Dich an den Kleinigkeiten, die wahres Glück bedeuten. Daran möchte Dich Delphi immer wieder erinnern, damit Du die Momente und Erfahrungen Deines Lebens noch mehr wertzuschätzen weißt, und dankbar für jeden Moment bist.

Viel Spaß auf der gemeinsamen Reise mit Delphi!

DANKE
...und werde glücklich!

Grundgesetze für ein erfolgreiches und glückliches Leben

KAPITEL I

Persönliche Verantwortung

KAPITEL I

Schaue den Menschen an, den Du in dem Spiegel vor Dir siehst. Er ist der Einzige, der Dich bis zum Ende Deines Lebens begleiten wird.

Nicht Deinen Eltern, Frau oder Mann, Kindern noch Bekannten gegenüber, wirst Du am Ende Deines Lebens Rechenschaft ablegen, ob Du Dein Leben genutzt und wirklich gelebt hast, sondern nur dem Menschen, den Du jetzt im Spiegel siehst. Dieser Mensch ist vollkommen verantwortlich für sein Leben: für die Art und Weise, wie er die Wirklichkeit und Erfahrungen wahrnimmt, ob er aus ihnen lernt und an ihnen wächst oder ob bei Niederlagen kapituliert und sich mit weniger zufrieden gibt, als er sein könnte.

Er ist verantwortlich für sein Glück, nicht seine Mitmenschen oder deren Handlungen. Andere Menschen mögen Dich für einen kompetenten Chef oder eine charmante Frau halten, doch letztendlich zählt nicht die Maske, die Du nach außen getragen hast, sondern ob Du den Menschen, den Du im Spiegel siehst, auch offen und ehrlich im Spiegel betrachten kannst und ihn lieben gelernt hast.

Im Grunde ist es unwichtig, ob andere Menschen mehr oder weniger erreichen, als Du es tust. Denn alles Äußere wirst Du sowieso hinter Dir lassen, und wenn Du es dann nicht geschafft hast, den Menschen im Spiegel zu Deinem besten Freund zu machen, wird viel Schönes in Deinem Leben an Dir vorbeigezogen sein. Allen anderen Menschen gegenüber kannst Du Dich verstellen, einen Schein erwecken – allein bei einem wird Dir dies nicht gelingen – Dir selbst.

Verschwende nicht Dein Leben mit einer Scheinwelt, sondern nimm Dich an und sei Du selbst. Versuche, den Menschen im Spiegel anzulächeln, ihm ein Lachen zu schenken und ihn anzunehmen, damit Du am Ende Deines Lebens mit einem zufriedenen Lächeln lebst. Denn so wirst Du am Ende Deines Daseins auf ein erfülltes Leben zurückblicken können.

„Der Weg zum Ziel beginnt an dem Tag, an dem Du die hundertprozentige Verantwortung für Dein Tun übernimmst."

DANTE ALIGHIERI

Stelle Dich vor einen Spiegel und sage folgenden Satz:

„Hier siehst Du den Menschen, der für Dich und Dein Leben verantwortlich ist …“

Dies ist ein erster Schritt für ein Leben voller Selbstverantwortung.

ÜBUNG

WORK BOOK

Persönliche Verantwortung

Du bist verantwortlich für das, was Du über Dich und Dein Leben denkst. Und wie Du mit den Erlebnissen und Erfahrungen, die in Dein Leben treten, umgehst – ob Du sie nutzt, um Dein Potenzial zu entwickeln, oder an ihnen verzweifelst und mit ihnen haderst.

Und Du?
Poli
Partner
Un
Fam

Du hast immer die Wahl – es ist allein Deine Entscheidung! Manche Menschen machen zeitlebens andere Menschen und Dinge für ihr Leben verantwortlich.

Viele Menschen machen zeitlebens
… die Gesellschaft,
… die Kollegen am Arbeitsplatz,
… die ungerechte Behandlung der anderen,
… die wirtschaftlichen Geschehnisse,
… die schlimme Kindheit,
… die Erziehung ihrer Eltern,
… die momentane schlechte Situation in der Familie,
… die Unsicherheit der Wirtschaft,
… die Unberechenbarkeit der heutigen Zeit,
… die politischen Neuerungen,
… das Unverständnis des Partners in der Beziehung,
… das Wetter,

oder andere Umstände für ihre Probleme verantwortlich.

„Wir werden mit Papier und Stift geboren – aber schreiben müssen wir unsere Geschichte selbst.“

DEAN HAMER UND DAVID COPELAN

Und Du?
Erziehung
Freunde
Und Du?
Arbeit
Und Du?
k
Gesellschaft
Du?
Und Du?
lie
Und Du?
Wetter
Und Du?
Und Du?
Und Du?
Umwelt

Wer denkt oder sagt „Ich kann nicht" setzt sich nur selbst Grenzen.

Denke an die Hummel. Die Hummel hat bei 1,2 Gramm Gewicht eine Flügelfläche von 0,7 Quadratzentimeter. Nach den bekannten Gesetzen der Flugtechnik ist es unmöglich, bei diesem Verhältnis zu fliegen. Aber die Hummel weiß dies nicht. Sie fliegt einfach.

Das Gesetz von Ursache und Wirkung

KAPITEL I

Nachfolgend wirst Du von einigen Gesetzen lesen, die in jedem Leben gelten. Es sind die Gesetze, die seit jeher das Maß an Freude und Glück, Erfolg und Liebe im Leben jedes Menschen entscheidend beeinflussen. Lerne, nach diesen Gesetzen zu leben, und Du wirst in Deinem Leben das erhalten, was Du Dir wünschst.

Alle Gesetze, über die Du lesen wirst, sind im Grunde aus einem Gesetz abzuleiten: dem universellen Gesetz von Ursache und Wirkung. Schon Aristoteles erkannte dieses Prinzip. Er erklärte, dass es für alle Ereignisse, die in unserem Leben erscheinen, einen Grund und eine Ursache gibt, gleich ob wir uns dieser bewusst sind oder nicht. Zugleich haben alle Handlungen und Gedanken in unserem Leben eine Wirkung auf unsere Zukunft, möge sie auch noch so klein sein.

„Das was der Mensch säht, wird er ernten."

PAULUS

Demnach gibt es für Aristoteles auch keinen „Zufall". Zufall ist für ihn vielmehr etwas, das einem „zu fällt", und zwar aus einem spezifischen Grund und von einer Ursache. Zufälle sind Wirkungen, deren wir Ursache uns nicht mehr bewusst sind. Diese Ursache haben wir in unserer Vergangenheit durch unsere Tätigkeiten und unsere Gedanken herbeigeführt.

Im Grunde basieren alle Vorstellungen, die wir in der westlichen Welt haben, auf diesem antiken Gesetz. Alle Fortschritte in der Forschung, Wirtschaft und Wissenschaft werden durch Veränderungen und Erfindungen erreicht – also Veränderungen von Ursachen, was zwangsläufig zu einem anderen Ergebnis, einer anderen Wirkung führt. Wie wirkt dieses Prinzip nun im Leben der Menschen? Für uns sind Gedanken Ursachen und Umstände bzw. Zustände Wirkungen. Somit ist Erfolg, Glück und Freude im Leben kein Prinzip des Zufalls, welches nicht beeinflussbar ist. Vielmehr kann jeder Mensch durch die Veränderung seiner Gedanken, die Umstände, die er sich für die Zukunft wünscht, positiv für sich beeinflussen.

„Deine heutige Situation ist die Wirkung Deiner früheren Gedanken."

ANDREAS ACKERMANN

Es sind nicht die Außenwelt oder die äußeren Umstände, die unsere Gefühle oder momentane Situation lenken und bestimmen. Deine Denkweise bestimmt, wie die Bedingungen Deines Lebens sind. Hast Du z. B. schon einmal vom „Placebo-Effekt" bei Medikamenten gehört? In wissenschaftlichen Effekten wurden Personen Medikamente verabreicht und ihnen versichert, dass ihre Medikamente wichtige Inhaltsstoffe hätten, und sie bald wieder gesund werden würden. Und tatsächlich, wurde die Mehrheit der Personen gesund, obwohl in den Medikamenten überhaupt kein Wirkstoff enthalten gewesen ist. Einzig und allein, die Überzeugung der Personen, dass sie jetzt wieder gesund werden müssen wegen des Medikaments, führte dazu, dass sie wieder gesund wurden. Was für die Gesundheit gilt, gilt auch für die Lebensbereiche Beruf, Beziehungen und Hobbies. So wie Du Dir, Dein zukünftiges Leben in Deinen Gedanken immer wieder über die Zeit ausmalst, so wird es in der Zukunft werden. Wäre es nicht toll, sich von diesem Moment an bewusst, für positive Gedanken über Dein Leben in der Zukunft zu entscheiden, damit Du Deine Zukunft sehr bewusst beeinflusst? Du hast immer die freie Wahl, welche Gedanken Du wählen willst.

Wenn Du dieses Prinzip mehr und mehr anwendest, wird sich Dein Leben verändern. Es gibt noch zwei weitere Gesetze, die sich unmittelbar aus dem Gesetz von Ursache und Wirkung ableiten: das Gesetz des Glaubens und das Gesetz der Entsprechung.

Die Macht der Gedanken

Gedanken sind die wichtigste Kraft in Deinem Leben. Nach dem Gesetz von Ursache und Wirkung nimmst Du mit Deinen Gedanken entscheidenden Einfluss darauf, wie Dein Leben ist. Die wohl höchste Kunst, die Du während Deines Lebens erlernen kannst, ist die Disziplin, Deine Gedanken steuern zu können.

Ohne Deine eigene Fähigkeit, Deine Gedanken zu beherrschen, wirst Du Dein Leben nicht dauerhaft verändern können. Handle klug und erkenne, dass es sich für Dich lohnen wird, Zeit und Mühe zu geben, um die Kunst der Gedankendisziplin zu erlernen.

Wie wirkt dieses Gesetz? Nun, nehmen wir z. B. die Schule von früher. Wenn Du Angst vor einer Prüfung hattest, bist Du mit hoher Wahrscheinlichkeit aufgeregt und nervös. Die Gefahr des Übersehens und des Blackouts war sehr groß. Wenn Du dagegen optimistisch, positiv und mit Zuversicht in den Test gegangen bist, warst Du ruhiger, gelassener und konzentrierter. Deshalb war natürlich auch das Ergebnis im zweiten Fall häufig besser.

„Die größte Entscheidung Deines Lebens liegt darin, dass Du Dein Leben ändern kannst, indem Du Deine Geisteshaltung änderst."

ALBERT SCHWEITZER

„Du bist, was Du denkst."

MARC AUREL

Delphis Tipp

Das „Gedankenband"

Möchtest Du von nun an wissen, was Du denkst und welche Gedanken Dich beeinflussen? Nutze Deine Vorstellungskraft: Stelle Dir vor, Du besitzt ein „Gedankenband" in Deinem Kopf, auf welches all Deine Gedanken aufgeschrieben werden (wie im Fernsehen, wenn Nachrichten auf einem Nachrichtenband von rechts nach links über den Bildschirm laufen). Du kannst jederzeit dieses Band, und somit Deine eigenen Gedanken, betrachten. Sind die Gedanken, die da vorbeilaufen, nicht konstruktiv und aufbauend, so nimmst Du in Deiner Vorstellung einen Rotstift, streichst den Gedanken durch und schreibst darüber einen ähnlichen Gedanken, der Dich fördert und Dich aufbaut. Du kannst auch einfach in Deiner Vorstellung einen Eimer orangene Farbe darüber kippen, so dass von dem Gedanken nur noch eine gleichmäßige Fläche orange bleibt, auf die Du dann in der Folge einen konstruktiveren Gedanken Deiner Wahl aufzeichnen kannst.

Der „Gedankenpolizist"

Eine weitere nützliche Vorstellung ist die Einstellung eines „Gedankenpolizisten" (ruhig so einen blauen mit Pferd wie in England), dessen Aufgabe es ist, den Gedankenstrom in die richtige Richtung zu lenken. Um diese Aufgabe zu erfüllen, fragt er Dich immer wieder: „Soll dieser Gedanke vorbeigelassen werden – fördert er Dich?" Kommt ein negativer Gedanke vorbei, so zeigt er ihm ein Stoppschild und sagt ihm: „Für Dich ist hier keine Durchfahrt – bitte aus dem Gedankenverkehr verschwinden, und den nachfolgenden, aufbauenden Gedanken den Weg frei räumen. Vielen Dank und einen schönen Tag!" Gehe spielerisch mit dem Trainieren der eigenen Gedankendisziplin um.

Die „Gedankendisziplin"

Du kannst auch die Kunst der Gedankendisziplin als talentierter Schüler erlernen, wenn Du Dir jeden Tag die folgenden Fragen mehr und mehr in Dein Bewusstsein bringst: Welche Gedanken denke ich jetzt gerade? Fördert mich dieser Gedanke? Wenn ja, danke! Wenn nein, wie kann ich aus dem Gedanken einen positiven, aufbauenden Gedanken machen? Mache Dich auf den Weg, diese Kunst zu erlernen und zu beherrschen. Denn dann wirst Du durch die Kraft und Konzentration Deiner dauerhaften Gedanken Deinem Ziel näher kommen und es erreichen. Freue Dich darauf!

WORK BOOK

„Alles, was wir sind,
ist ein Resultat dessen,
was wir gedacht haben.

Unsere Existenz
gründet sich auf
unsere **Gedanken.**“

BUDDHA

Die Macht des Unterbewusstseins

Dein Unterbewusstsein ist die größte Macht, die es in Deinem Leben gibt. Es ist in Deinem Leben wie ein naiver Riese, der, wenn Du ihn mit den richtigen Gedanken fütterst, Dir all das in Deinem Leben geben wird, was Du Dir wünschst.

Allerdings ist dieser Riese vollkommen neutral – er erfüllt Dir jeden Gedanken, den Du dauerhaft in Dir trägst. Denkst Du an Dein Scheitern, so wird Dein Unterbewusstsein Dir dabei helfen, erfolglos zu bleiben. Denkst Du hingegen in bunten, emotionsgeladenen Gedanken an Deinen Erfolg und glaubst Du an Dich und Dein Gelingen, so wird Dich Dein Unterbewusstsein sicher zum Ziel tragen …

Du nährst Dein Unterbewusstsein nur durch zwei Dinge: durch innere Bilder und durch Gefühle, die Du mit diesen Bildern verbindest. Dabei ist es wichtig, zu beachten, dass Dein stiller innerer Riese das Wort „nicht" nicht kennt. Beispiel: Denke jetzt bitte nicht an den Eifelturm in Paris. Jetzt auf keine Fälle an den rosaroten Elefanten denken, der auf dem Eifelturm Samba tanzt. Doch wie kannst Du lernen, die Macht Deines Unterbewusstseins positiv für die Ziele Deines Lebens einzusetzen? Du musst dafür zwei Dinge tun.

„Nutze die unglaubliche Macht Deines Unterbewusstseins, und Du kannst erreichen, was Du willst."

DR. JOSEPH MURPHY

Visualisiere Deinen Traum!

Stelle Dir Dein gewünschtes Ziel so häufig und so lebendig bunt und strahlend wie nur möglich vor. Du solltest ein kristallklares und gestochen scharfes inneres Bild von Deinem Traum haben. Vielleicht kannst Du daraus auch einen kleinen inneren Film machen, mit Bewegung. Welche Glücksgefühle verspürst Du, wenn Du Dich jetzt so in Dein Ziel hineinbegibst – welche fühlst Du? Wo wohnst Du? Mit wem bist Du zusammen? Mit wem freust Du Dich, mit wem unterhältst Du Dich? Welches Haus, welches Auto, welches Schiff besitzt Du? Wie sieht Dein Alltag aus, wenn Du all das erreicht hast, was Du Dir wünschst?

Wichtig: Begib Dich in Deine innere Vorstellung und spüre mit allen Sinnen, wie es sich anfühlt, dieses Ziel zu leben. Je häufiger Du diese Vorstellung intensiv erlebst, desto schneller wirst Du Dein Ziel erreichen. Nutze die Gelegenheiten, Dir selbst den Luxus zu gönnen, schon jetzt zu erleben, wie es sein wird, wenn Du Dein Ziel erreicht hast.

Sei überzeugt, dass Du Dein Ziel erreichst!

Damit Dein Unterbewusstsein Dich mit all seiner Kraft unterstützen kann, achte den zweiten Punkt, der für das Erreichen Deines Ziels wichtig ist: Der uneingeschränkte Glaube, dass Du dieses Ziel erreichst. Das Leben meint es gut mit Dir und es will, dass Du glücklich wirst, weil Du mit der Ausschöpfung Deines Potenzials und Deiner Wünsche eine Bereicherung für diese Welt bist. Wenn es Dir schwer fällt, an das Erreichen Deines Ziels zu glauben, mag vielleicht ein Grund sein, dass Du noch mehr Vertrauen in Dich und in Deine Stärken entwickeln kannst. Nutze deshalb vorher jede Möglichkeit, Dein Selbstvertrauen noch mehr zu stärken.

Dies wird Deinen Erfolg unausweichlich machen. Deine Gedanken bestimmen Dein Schicksal – je mehr positive Gedanken Du in Dein Leben bringst, desto wunderbarer wird Dein Leben.

WORK BOOK

Gedanken
Logische Vorgänge
Tätigkeiten
Lesen
Schreiben
Rechnen
Bewusstsein
Wahrnehmung
Aufwachen
Unterbewusstsein
Gefühle
Atmen
Innere Bilder
Träumen
Innere Überzeugung

Die Geschichte der Disney Company

Zu einem Zeitpunkt, als die Disney Company endlich gute Ergebnisse erwirtschaftete, kam Walt Disney eines Tages in das Büro seines Bruders Roy und breitete einige Papierrollen vor ihm aus. Auf die Rollen zeigend, erklärte er seinem Bruder, dass er die Vision eines riesigen Vergnügungsparks für Kinder und Erwachsene habe.

Das Besondere dabei war das System, nur ein einziges Mal Eintritt zu zahlen und dann alle Fahrten unbegrenzt und kostenfrei nutzen zu können. Roy war nicht gerade begeistert und fragte seinen Bruder, was denn dieser Park kosten würde. Walt antwortete: „650 Millionen Dollar". Zu diesem Zeitpunkt verfügte die Disney Company aber gerade einmal über 50 Millionen Dollar. Walt begann eine Bank nach der anderen abzuklappern, um Geld aufzutreiben – vergebens! 301 Banken wiesen ihn ab ... aber die 302. Bank ließ sich schließlich von der Vision und der Begeisterungsfähigkeit Walt Disneys anstecken – und heute besuchen jährlich Millionen Besucher die Disney Parks in aller Welt.

AUSZUG AUS:
„MAGISCHES WÜNSCHEBUCH",
JÜRGEN HÖLLER

Die Macht der Sprache

KAPITEL I

Das Unterbewusstsein denkt in Bildern. Durch jedes Wort, das Du aussprichst, rufst Du innerlich ein Bild hervor und damit auch gleichzeitig ein Gefühl. Durch die Sprache, die Du äußerst und die Art, wie Du mit Dir selbst sprichst, nimmst Du Einfluss auf Deine innere Gefühlswelt.

Je mehr positive Wörter Du verwendest, desto mehr positive Gefühle bringst Du in Deinen Körper. Als Nebenwirkung erhältst Du hierbei zusätzlich einen großen Zuschuss an Energie, den Du nun täglich frei in Deinem Leben zu Verfügung hast.

Du selbst hast die freie Wahl, welche Wörter Du verwendest …

„Das ausgesprochene und aufgeschriebene Wort hat ungefähr 10-mal mehr Macht als der Gedanke.“

BRIAN TRACY

Erstelle positive Formulierungen für Deinen Erfolg

Nimm Dir die Zeit, mindestens zehn Minuten pro Tag, die Kraft Deiner inneren Bilder durch diese formelhaften Vorsätze zu stärken. Solltest Du direkt keine Zeit haben, geht dies genauso beim Joggen, Fahrrad fahren, Duschen oder Kochen. Es ist unbedingt erforderlich, dass Du die Wiederholung Deiner Suggestion an 21 folgenden Tagen durchführst. Somit stärkst Du Dein positives Selbstbild, welches Dich auf dem Weg zu Deinem Ziel unterstützen wird.

1. **Eigenschaft:** Formuliere positiv!
2. **Eigenschaft:** Verwende die Gegenwartsform!
3. **Eigenschaft:** „Ich bin/Ich habe“ als erstes Wort des Satzes!

Beispiele:

„Ich bin gesund und fit.“

„Ich habe Erfolg und ziehe ihn an.“

WORK BOOK

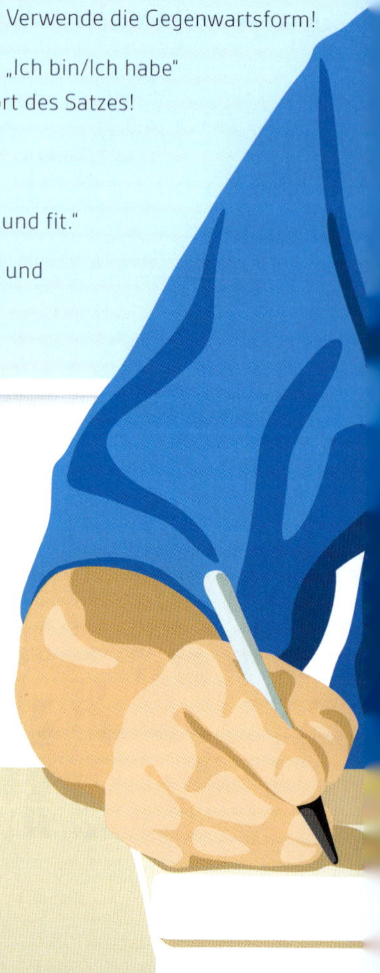

ÜBUNG

Die Energie der positiven Worte

Um Deine Macht der Sprache zu überprüfen, kannst Du folgende Übung ausprobieren, die aus der Kinesiologie stammt: Strecke einen Arm seitlich und horizontal von Dir. Nun bitte einen Freund, während Du die folgenden Worte aussprichst, Deinen Arm auf dem andrücken nach unten zu drücken, während Du versuchst, den Arm mit Kraft horizontal zu halten. Zunächst sage das Wort: „Verlierer!“ und drücke gegen die Kraft Deines Freundes.

Nach einer kurzen Pause sagst Du das Wort: „Liebe!“ und versuchst dabei wie beim ersten Mal, den Arm horizontal zu halten. Das Ergebnis ist wirklich verblüffend und überraschend zugleich – jedes Wort hat wirklich eine Auswirkung auf die Energie, die in Deinem Körper ist.

Achte in der Zukunft also noch mehr darauf, wie positiv und aufbauend die Formulierungen sind, die Du verwendest. Du kannst Dich persönlich und innerlich enorm stärken, indem Du mehr und mehr positiv mit Dir selbst sprichst. Worauf wartest Du noch? Ein neues Experimentierfeld liegt vor Dir ...

WORK BOOK

„Das, was Du
dachtest,
das bist Du,
... und das,
was Du
denkst,
das wirst Du.“
ALFRED STIELAU-PALLAS

Die Macht der Sprache

Positive, formelhafte Vorsätze

„Ich bin gesund und fit."

„Ich bin voller Energie und unbändiger Lebenskraft."

„Ich bin selbstbewusst."

„Ich bin attraktiv und wirke auf andere Menschen anziehend."

„Ich habe immer genug Zeit."

„Ich lebe im Überfluss und fühle mich wohl."

„Ich habe einen uneingeschränkten Glauben an mich selbst und daran, dass ich alles erreiche, was ich wirklich will."

„Ich lebe ein Leben voller Freude, Liebe und Harmonie."

„Ich bin voller Dankbarkeit."

„Reichtum und Geld ziehe ich in erfreulicher Weise und im Überfluss an."

„Ich lebe zur jeder Zeit im ständigen Überfluss von Energie, Geld, Gesundheit, glücklicher Momente und materiellem Wohlstand."

WORK BOOK

Da Du immer nur einen Gedanken
zur gleichen Zeit denken kannst,
entscheide Dich, welcher es sein soll.

„Ich habe Erfolg
und ziehe ihn an."

„Geld und Vermögen
stehen mir zu jeder Zeit
in erfreulicher Weise
reichlich und im Überfluss
zur Verfügung."

„Ich ziehe Menschen
mit positiver Energie an,
die mich auf meinem Lebensweg
und der Verwirklichung
meiner Ziele unterstützen
und weiterbringen zum
Wohle aller Beteiligten."

Negative Selbstbeeinflussung

„Ich bin nicht gut genug."

„Ich bin nicht liebenswert."

„Ich bin unattraktiv."

„Ich habe immer Pech."

„Ich bin arm und krank."

„Ich mache alles falsch."

„Ich habe nicht
das richtige Elternhaus."

„Das geht sowieso nicht."

„Das kann ich nicht."

„Ich bin nicht ehrgeizig genug."

„Ich bin zu dumm."

„Ich bin zu klein."

„Ich bin zu dick."

Das Gesetz des Glaubens

Glaube tief und fest daran, dass Du Dein Ziel erreichst. Denn warum sollte Dir das Leben Dein Ziel vorenthalten, wenn es so vielen anderen Menschen auch Glück schenkt?

Glaube tief und fest an Dich selbst und daran, dass Dich das Leben bei der Erreichung Deiner Ziele unterstützt. Durch selbstbejahende positive Gedanken verstärkst und vergrößerst Du Deinen Glauben täglich. Um das zu erreichen, was Du Dir wünschst, schaffe als Erstes die innere Voraussetzung, tief und fest daran zu glauben, dass Dein Ziel Wirklichkeit wird.

Denn wie soll Dich ein anderer jemals auf dem Weg zu Deinem Ziel unterstützen können, wenn Du selbst nicht daran glaubst, dass dieses Ziel erreicht werden kann? Wenn Du daran glaubst, sagt Dir Dein inneres Gefühl, dass Du es wert bist, Dein Ziel zu erreichen. Diesen Zustand kannst Du leicht erreichen, indem Du Dir Dein Ziel immer wieder bildlich vorstellst und ausmalst. Je häufiger Du dies tust, desto sicherer wirst Du dieses Ziel auch verwirklichen, dies funktioniert ganz automatisch!

Übrigens, wenn Du Dir denkst: „Ich schaffe das nicht!“, so ist dies auch nichts weiter als ein Glaube. Denn woher weißt Du, dass Du es nicht schaffst? Denke daran, Vergangenheit ist nicht gleich Zukunft! – Sonst existierten keine Veränderungen, Erfindungen und Verbesserungen in dieser Welt – In jedem Fall besitzt Du also die Fähigkeit des Glaubens. Nun liegt es an Dir, ob Du an die positive oder negative Form Deines Ziels glauben möchtest. Was ist Dir lieber?

Deine Gedanken und inneren Bilder sind wie Saatkörner Deiner Zukunft. Damit die Saat für Deine erfolgreiche und noch glücklichere Zukunft wachsen und gedeihen kann, brauchst Du einen guten Nährboden – die Kraft des Glaubens.

Ein tiefer und fester Glauben ist die Fähigkeit, mit Bestimmtheit zu erwarten, dass die Ziele, die Du für Dein Leben hast, in Deinem Leben Realität werden. Je stärker Du Deine inneren Bilder mit der Kraft des Glaubens auflädst, desto schneller werden sie als Wirklichkeit in Dein Leben treten.

„Ob Du glaubst, Du schaffst es,
oder Du glaubst, Du schaffst es nicht,
Du wirst in jedem Falle Recht behalten.“

HENRY FORD

*„Solange Du an Dich glaubst,
hast Du alle Chancen im Leben."*

ERICH J. LEJEUNE

Die Fähigkeit, Glauben zu erlernen, bedeutet, Dir bewusst zu machen, dass das Leben Dich immer so gut es geht dabei unterstützt, Deine Wünsche wahr werden zu lassen. Denn wenn Du glücklich bist, dann profitieren auch Deine Mitmenschen und Deine Umwelt davon. Und dies bringt alle ein Stück weiter, fördert Wachstum ... Somit akzeptiere, dass Dir das Leben bei Deiner Entwicklung zur Seite steht, denn nur so kannst Du eifrig zur Entwicklung dieser Welt beitragen.

Die Fähigkeit des Glaubens beinhaltet gleichzeitig, sich zeitlebens gegen die beiden größten Widersacher von persönlichem Wachstum und Fortschritt zu wehren: Angst und Selbstzweifel. Dieses sind bleischwere Gewichte, die Dich entschieden am Weiterkommen im Leben hindern. Weise sie entschieden und mit aller Macht von Dir. Entscheide Dich für positive, aufbauende Gedanken, die Du in diesem Moment denkst!

*„Alle Dinge
sind dem möglich,
der da glaubt."*

MARKUS EVANGELIUM

KAPITEL I

Der Glaube kann
der Mensch

Aber e

erge versetzen –
ann alles, was er will.

rmaler Mensch will nur, was er kann.

REINHOLD MESSNER

Das Gesetz der Anziehung

KAPITEL I

Es gibt in Deinem Leben nur eine einzige Sache, die Du wirklich vollständig kontrollieren kannst – Deine eigenen Gedanken.

Das Gesetz der Anziehung handelt davon, dass Du in Deinem Leben die Situationen und Menschen anziehst, welche zu Deinen vorherrschenden Gedanken passen. Somit sind Deine Gedanken einmal mehr Wirkungen für Deine eigenen Lebensumstände. Du wirkst wie ein Magnet auf die Umstände und Deine Umwelt, die Deine inneren Überzeugungen auch äußerlich sichtbar machen. Bist Du von den Gedanken an Erfolg und Freude in Deinem Leben durchdrungen, wirst Du auch unweigerlich Menschen in Deinem Leben treffen, die Dich und Deinen Erfolg noch weiter unterstützen werden. Genauso verhält sich dieses Gesetz im Gegenteil.

Bist Du ständig frustriert und haderst mit Deinem Schicksal, wirst Du schnell für optimistische Menschen weniger interessant. Dafür ziehst Du mit dieser negativen Gedankenhaltung eher solche Menschen in Deine Nähe, die gerne gemeinsam mit anderen Trübsal blasen.

Die Menschen und die Situationen, die Du im Moment in Deinem Leben hast, sind ein genaues Spiegelbild Deiner vorherrschenden Gedanken. Deine Gesundheit, Deine finanzielle Situation und die Qualität Deiner Beziehungen sind ein genaues Spiegelbild der inneren Gefühle und Bilder, die Du Dir im Innern über diese Bereiche machst. In Wahrheit kontrollierst Du allein Deine Gedanken. Somit kannst Du, indem Du Deine Geisteshaltung änderst, drastische positive Veränderungen in Deinem Leben herbeiführen. Der erste Schritt besteht nun darin, Dir Deiner inneren Bilder über die verschiedenen Bereiche Deines Lebens bewusst zu werden (Beziehungen, Liebe, Glück, Beruf, Finanzen) etc. Ersetze diese Bilder durch noch positivere, lebhaftere Vorstellungen von Deinem persönlichen Leben in der Zukunft.

Sage mir, mit wem Du gehst
und ich sage Dir, wer Du bist.

VOLKSWEISHEIT

Die Geschichte des alten Mannes

An einem schönen, klaren Morgen trafen einst zwei Wanderer einen weisen Mann, der auf einem großen Felsblock saß. Dieser lag am Fuß eines Berges, auf dessen Spitze die Hauptstadt des Landes errichtet worden war. Als der erste Wanderer die Weggabelung erreichte, fragte er den weisen Mann: „Bitte sage mir, wie ist die Stadt dort oben am Berg?" Darauf entgegnete der weise Mann: „Wie war denn die letzte Stadt, in der Du warst, guter Herr?" „Oh, sprich nicht davon, da gab es nur Verbrecher, elendes Gesindel und eine Vielzahl an Schuften und unehrlichen Leuten." „Dann wirst Du auch in dieser Stadt nur Verbrecher und Schurken treffen."

Dann kam der zweite Wandersmann an der Weggabelung an. Auch er fragte den alten Mann: „Gütiger Herr, bitte sagen Sie mir, wie ist denn die Stadt da oben?" Der alte Mann stellte nun die gleiche Frage, die er an diesem Tag schon einmal gestellt hatte: „Wie war denn die letzte Stadt, in der Du warst?" „Ah, ich glaube, das war eine prachtvolle und wunderschöne Stadt, mit sehr vielen freundlichen und herzlichen Menschen, viel geschäftigem Treiben und gesellschaftlichem Leben!" „Junger Wandersmann, dann wird auch die Stadt dort oben am Berg Dir viele interessante und schöne Erlebnisse bringen." Während der erste Wandersmann umgekehrt war, machte sich der zweite fröhlich auf, die Stadt am Berg zu erkunden.

Fazit: In jeder Stadt gibt es sowohl gute als auch böse Menschen und Erlebnisse. Doch je nachdem, was Du glaubst, wirst Du entweder positive oder negative Erfahrungen wahrnehmen.

Vertrauen

KAPITEL I

Um einen tiefen inneren Glauben zu entwickeln, brauchst Du Vertrauen in Dich und in das Leben. Du bist auf dieser Erde, um glücklich zu sein. Vertraue darauf, dass Dich das Leben dabei unterstützt, glücklich zu sein.

Die Welt hat keinen Nutzen davon, wenn Du unglücklich bist und Misserfolge erntest. Wenn Du Deiner Lebensaufgabe folgst, fördert Dich Dein Leben, weil Du die Entwicklung der Welt, in der Du lebst, weiterbringst …

Vertraue darauf, wenn Du Dir etwas brennend wünschst und bereit bist, für die Erreichung an Dir zu arbeiten, dass Du dieses Ziel auch erreichen wirst. Vertraue darauf, dass Dich das Leben durch Aufgaben und Hindernisse trainieren will und Dich in Deiner persönlichen Entwicklung weiterträgt.

Wenn Du mit älteren Menschen sprichst, hört man von diesen immer wieder, dass sehr viel, was ihnen im Leben geschehen ist, für sie selbst im Nachhinein einen Sinn ergab, den sie vorher jedoch noch nicht verstehen konnten. Viele berichten, dass sie erkennen, dass all ihre Erfahrungen, sowohl gute als auch schlechte, sie zu dem Menschen gemacht haben, der sie heute sind. Und ihr Leben möchten sie mit keinem Menschen der Welt tauschen.

Habe Vertrauen, dass alles, was Du erlebst, einen Sinn hat, den Du zu einem späteren Zeitpunkt erkennen wirst. Vertraue darauf, dass das Leben Deinen Erfolg will, weil nur Dein Glück und Deine innere Zufriedenheit förderlich für Dich und Deine Mitmenschen sind.

Wenn Du Vertrauen in Dein Leben und in Deine Fähigkeiten hast, wird Dich das Leben dafür reichlich belohnen.

DANKE

...und werde glücklich!

Der Weg zu einem selbstbestimmten Leben

KAPITEL II

Selbstbild

Genauso wichtig wie der Aufbau Deines Selbstvertrauens ist Dein Selbstbild. Hast Du Dich schon einmal gefragt: „Welches Bild habe ich von mir selbst?“ „Welches Bild erscheint vor Deinem inneren Auge?“

Das eines erfolgreichen, selbstbewussten, Lebensfreude ausstrahlenden Menschen? Oder eher das Gegenteil? Spürst Du, wie Dein Selbstbild einen enormen Einfluss auf Dein Verhalten ausübt? Je genauer und positiver Du Dein Bild von Dir selbst entwirfst, desto stärker wirst Du in die Zukunft gehen.

Verändere dein Selbstbild

Bist Du Dir bewusst, dass Du jedes geistige, innere Bild verändern kannst? Dazu kannst Du verschiedene Hilfsmittel verwenden. Je nachdem, wie Du sie veränderst, verstärkt oder verringert sich für Dich die Gefühlswirkung des Bildes.

Du kannst das Bild

- farbig oder schwarz-weiß ansehen,
- ein Standbild oder einen Film, vielleicht auch mehrere Photos betrachten,
- weit zum Horizont schieben oder es ganz nah an Dein inneres Auge heranholen,
- drehen, verschwommen oder glasklar machen, Kontraste verschärfen oder überdrehen,
- ein Geräusch geben, vielleicht Deine Lieblingsmusik, die Stimmen von Micky Maus oder aber Heavy Metal
- und Du kannst ein positives Gefühl mit dem Bild und der Musik verbinden,
- und viele weitere Möglichkeiten (des Klangs, des Gefühls, des Geschmacks etc.).

Sei spielerisch, erfinderisch und kreativ mit diesen neuen Möglichkeiten. Erschaffe Dir ein großartiges Selbstbild, welches Dich in all Deinen Handlungen positiv unterstützt. Los geht's, worauf wartest Du noch? Leg los!

Innere Überzeugung

Dein Verhalten, Deine Art und Weise, wie Du an eine Situation herangehst, wird häufig von inneren Überzeugungen geleitet. Wenn Du tief davon überzeugt bist, in Mathematik eine „Niete" zu sein, wie sehr erhöhst Du Dir damit selbst die Chancen, durch eine Prüfung zu fallen?

Innere Überzeugungen bilden sich durch Kindheitserfahrungen, wie viel Liebe, Zuversicht und Vertrauen Du in der eigenen Erziehung vermittelt bekamst, durch Erfahrungen aus der Vergangenheit, wie Du bisher z. B. Mathematikprüfungen bestanden hast, wie Du die meiste Zeit mit Dir selbst sprichst „Du schaffst die Prüfung." oder „Das schaffst Du doch sowieso nicht!".

Zwei Übungen helfen Dir dabei, negative Überzeugungen über Bord zu werfen, und durch konstruktive Impulse mehr Sonnenschein in Dein Leben zu lassen.

„Wer glaubt, ist stark.
Wer zweifelt, ist schwach.
Große Taten brauchen
feste Überzeugungen."

JAMES FREEMAN CLARKE

ÜBUNG

Nachdem Du Dir Deiner Überzeugung bewusst bist, kannst Du Dir folgende Fragen stellen:

Kann ich wirklich wissen, ob diese Überzeugung in all ihren Details wahr ist? Wie fühle ich mich dabei, wenn ich diese Überzeugung habe? Wie beeinflusst sie mein tägliches Leben? Welche Person wäre ich bzw. könnte ich ohne diese Überzeugung sein? Wie würde ich mich ohne diese Überzeugung fühlen?

Wenn Du lieber bildlich arbeiten möchtest, mache bitte folgende Übung: Stelle Dir Deine Überzeugung als einen Tisch (vielleicht Brücke) vor. Schreibe Deine Überzeugung in Gedanken auf die Tischplatte und die Gründe, die für diese Überzeugung verantwortlich sind, auf die Tischbeine. Jetzt sägst Du gedanklich ein Bein nach dem anderen ab, sodass die Tischplatte auf den Boden knallt. Dann nimmst Du eine strahlende Farbe, überstreichst die Tischplatte dick und fett mit einer Überzeugung, die Dich fördert und weiterbringt. Und nun baust Du wieder Deine Tischbeine an Deinen bunten Tisch, indem Du jeweils eins nach dem anderen mit Gründen beschriftest, wieso diese neue Überzeugung in Deinem Leben stimmt. Viel Spaß beim Werkeln und Malen.

Interessant ist auch folgender Tipp, den Paul Wilson gibt: „Sie werden wie ein Magnet auf den Erfolg zielen, wenn Sie daran glauben, für andere ein Leitungsrohr des Glücks zu sein. Großzügigkeit ist so viel mehr als nur Belohnung an sich. Sie löst einen positiven Impuls aus, Glück kommt zu Ihnen, sodass Sie helfen können, es zu verteilen. Wie wunderbar es doch wäre, Millionen an die weniger Glücklichen abzugeben! Wie erhebend es wäre zu wissen, dass Sie die Macht haben, anderen zu helfen!"

WORK BOOK

Nur wer seine Mitte kennt,

kann jeden Weg gehen.

Motivation und Wille

KAPITEL II

Besitzt Du ein wirkliches Verlangen, Dein Ziel zu erreichen? Fängst Du an zu lächeln und wirkliche Freude zu empfinden, wenn Du daran denkst, wie Du dem gewünschten Endzustand Schritt für Schritt näher kommst?

Denn dann spürst Du auch die ungeahnte Energie und Kraft, die Deinen Körper ausfüllt. Deine positive Aufladung wirkt nun wie ein Magnet, der alle Umstände in dein Leben zieht, die Dich unweigerlich zu Deinem Ziel führen …

Nicht das Hinfallen ist schlimm, sondern das nicht wieder aufstehen.

Es ist faszinierend, Menschen zu treffen, in deren Augen sich das tiefe Verlangen für ihr Ziel spiegelt. Ihre Augen scheinen bei der Beschreibung ihrer Träume und sie reißen ihre Mitmenschen durch die Kraft, die sie ausstrahlen, förmlich mit. Sie freuen sich jeden Tag darauf, ihrem Ziel einen Schritt näher zu kommen. Häufig malen sie sich aus, wie sie das Ziel erreicht haben. Das schürt ihre Begeisterung und ihr Verlangen nur noch mehr.

Um herauszufinden, für was Du ein ähnliches Verlangen empfindest oder entwickeln könntest, höre in Dich hinein: Was macht Dir besonderen Spaß? Was hat Dich schon immer als Du jünger warst begeistert? Wie stark ist Dein Verlangen, ein harmonisches Familienleben zu haben? Entzündet der Gedanke an ein bestimmtes Haus oder Auto Deinen Funken der Begeisterung? Willst Du gesund sein und bist Du bereit, dafür etwas zu tun? Ich bin mir sicher, dass Du das, wofür Du ein tiefes Verlangen empfindest, findest. Und dann trägt Dich Dein Verlangen förmlich zu Deinem Ziel. Das Geheimnis des Könnens liegt im Wollen.

„Der Wille öffnet die Türen zum Erfolg."

LOUIS PASTEUR

Sokrates – ein weiser Mann

Sokrates war ein weiser Mann und guter Lehrer, wie er es immer wieder durch seine Handlungen und Taten an den Tag gelegt hat. Eines Tages stand ein junger Mann vor ihm und fragte, was ist das Geheimnis für Erfolg im Leben. Sokrates wollte dem jungen Mann die Frage beantworten und bat ihn deshalb, am nächsten Tage sich an einem nahe gelegenen Fluss einzufinden. Als der Jüngling am nächsten Morgen dort ankam, war Sokrates bereits angekommen. Sie standen also am Ufer und Sokrates sagte: „Jetzt gehen wir in den Fluss." Als beide bis zum Hals im Wasser standen, packte Sokrates plötzlich den jungen Mann und drückte dessen Kopf unter Wasser. Der arme Kerl wehrte sich verzweifelt. Obwohl der junge Mann am Schlucken und am Röcheln war, ließ Sokrates für lange Zeit nicht locker. Als er endlich den Griff lockerte, prustete und hechelte der junge Mann entsetzt. Daraufhin stellte Sokrates ihm folgende Frage: „Was wolltest Du gerade am meisten, als du unter Wasser warst?" Der Jüngling antwortete schnell: „Nur eines, Herr, nämlich Luft!" „Siehst Du, sagte Sokrates, das ist das Geheimnis des Erfolges – wenn Du Erfolg so sehr willst, wie Du eben unter Wasser Luft wolltest, dann wirst Du auch Erfolg haben."

Motivation und Wille

Begeisterung verschafft Dir eine Menge zusätzlicher Energie, die Deinem gesamten Leben positiven Schub geben kann.

Sich für eine Sache so leidenschaftlich einzusetzen, dass Du am liebsten nicht schlafen möchtest und Dich riesig auf den nächsten Morgen freust, weil Du dann wieder Deinem Ziel ein Stück näher kommen kannst. Ein Hobby oder eine Beschäftigung zu haben, die Dich allein beim Gedanken darauf innerlich freudig hüpfen lässt. Je begeisterter Du für etwas bist, desto sicherer wirst Du es erreichen. Wieso sollte Dir das Leben etwas geben, für das Du Dich noch nicht einmal selbst richtig begeistern kannst?

Vielleicht kennst Du dieses Gefühl: Du tüftelst bis spät nachts an einem Regal, bleibst bis spät nachts in Deinem Büro, um an einer Präsentation zu „feilen", oder die intensive Planung des nächsten großen Familienfestes. Du spürst die Energie und die Kraft, die von Deinem Tun ausgeht und Dein Körper strahlt Lebendigkeit aus. Du könntest Berge versetzen und bist unerschöpflich in Deinem Tun. Du bist voller Power und das Leben ist ein einziger Fluss. Wenn es Dir gelingt, ein Lebensziel festzulegen, also wie Dein Leben in all seinen Facetten (Beruf, Familie, Lebensstandard, Gesundheit, Freunde, Reisen) in der Zukunft aussehen soll, spürst Du beständig diese Faszination und Power in Deinem Leben.

Jeden Tag aus dem Bett zu springen, „Ja" zu Deinem Leben zu sagen und zu wissen, dass Du heute durch Dein Handeln Deinem erwünschten Lebensziel näher kommen wirst.

Nutze die Kraft der Motivation

Mit Motivation füllt sich Dein Leben mit zusätzlicher Energie, die Dich und Dein Leben verwandeln kann.

„Motivation hängt zusammen mit Begeisterungsfähigkeit, mit Sinngebung, mit Visionen – und zwar aus mir selbst heraus."

REINHOLD MESSNER

„In Dir muss brennen, was Du in anderen entzünden willst."

AUGUSTINUS

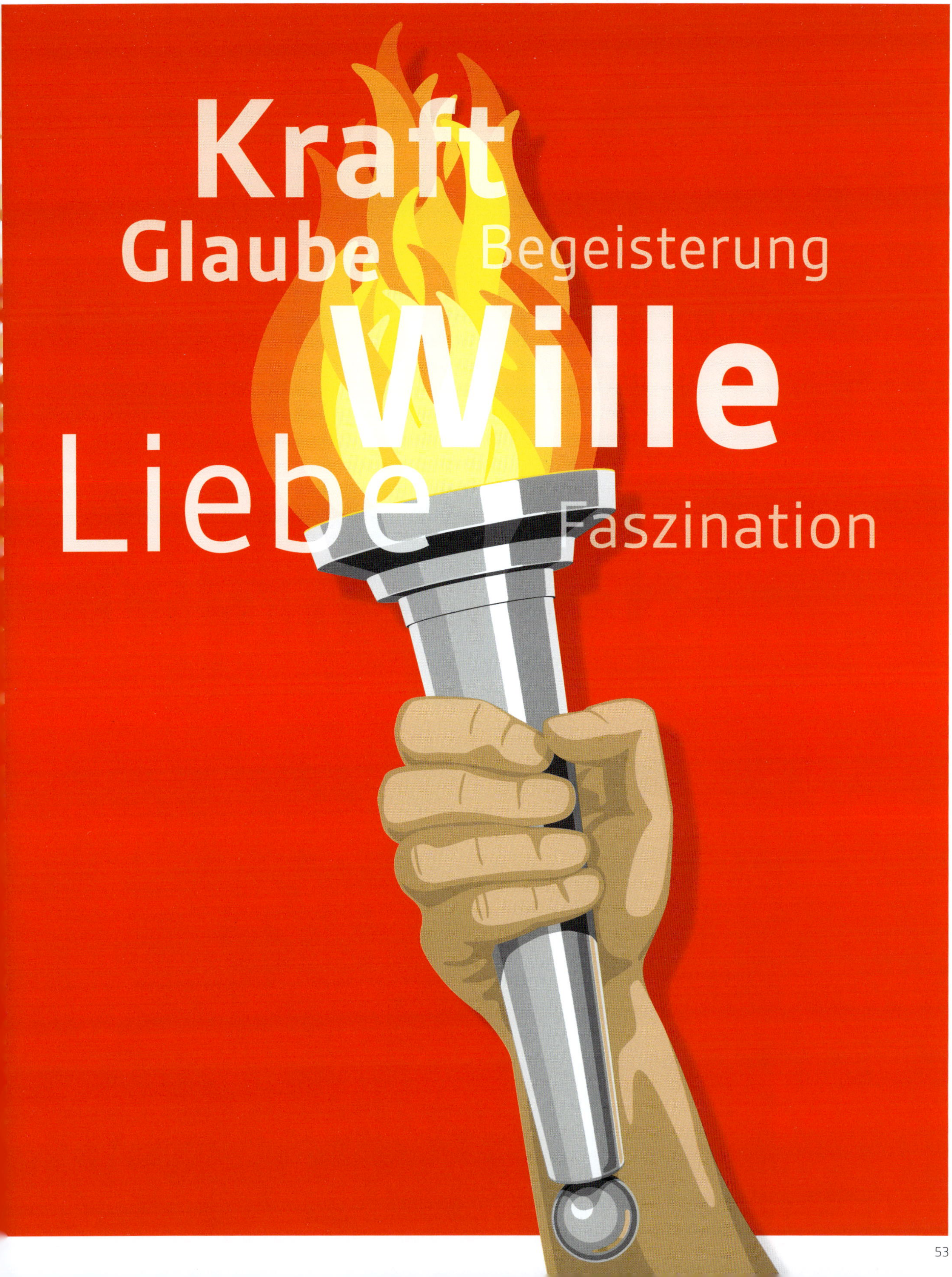
Kraft
Glaube
Begeisterung
Wille
Liebe
Faszination

„Wenn Du ein Schiff bauen willst, dann rufe nicht die Menschen zusammen, um Holz zu sammeln, Aufgaben zu verteilen und die Arbeit einzuteilen, sondern lehre sie die **Sehnsucht.**“

„NACH DEM GROSSEN, WEITEN MEER.“ ANTOINE DE SAINT-EXUPÉRY

Vision

„Phantasie ist wichtiger als Wissen."

ALBERT EINSTEIN

KAPITEL II

Das Prinzip der Vision und eines Motivs kann man sehr einleuchtend darstellen, wenn man es mit einem Hausbau vergleicht.

Willst Du ein Haus bauen, so brauchst Du zunächst eine Vorstellung davon, wie dieses Haus aussehen soll. Vor Deinem inneren Auge beginnst Du Dir, die Form des Hauses, den Balkon, die Garage und den Garten klar vorzustellen. Und nach diesem inneren Bild werden dann die Baupläne gefertigt. Ohne Dein inneres Bild wäre es nicht möglich, die Pläne zu erstellen.

Dein Leben funktioniert im Grunde nicht anders als ein Hausbau. Du entwickelst nur kein Haus weiter, sondern „baust" und förderst die Entwicklung Deiner Persönlichkeit. Damit das zu unserer Zufriedenheit geschieht, müssen wir natürlich aber erst einmal wissen, wie später das „Persönlichkeits-Bauwerk" Deiner Person aussehen soll. Du brauchst eine innere Vorstellung davon, wie Du aussehen, handeln und mit welchen Menschen Du in der Zukunft Zeit verbringen willst? Wo und wie willst Du leben? Errichte Dir aus diesen Leitfragen ein starkes inneres Motiv, wie Dein Endziel aussieht, denn dann kannst Du effektiv mit dem Erschaffen Deines „Persönlichkeits-Werkes" beginnen ...

Du brauchst immer eine Vision, ein „Motiv", um motiviert zu sein, selbst bei einem Zusammensetzen eines Puzzles wird immer das Bild die Grundlage sein, damit Du das Puzzle weiter vervollständigen kannst, damit die vielen kleinen Teile ein großes Gesamtbild ergeben. Wie ein Puzzle besteht auch Dein Leben aus vielen kleinen Teilen, welche Du nur sinnvoll zusammenfügen kannst, wenn Du weißt, wie Dein Endziel glasklar und präzise aussehen soll.

Und DU?
Wie sieht die Vision in Deinem Leben aus, die DU gerne verwirklichen möchtest?

Noch vor einigen Jahren gab es kein…

Dies alles waren zuerst Visionen, die Menschen erdacht haben, bevor sie realisiert wurden. Sie wurden nur deshalb Wirklichkeit, weil diese Menschen an ihre Vision geglaubt und beharrlich daran festgehalten haben.

Die visionäre Kraft des Thomas Alva Edison

Thomas Alva Edison wurde 1847 geboren, war zuerst Zeitungsjunge, dann Telefonist. Schließlich errichtete er 1876 in Menlo Park bei New York ein Laboratorium, in dem er Tausende von Erfindungen mit seinem Team vollbrachte. Unter anderem erfand er den Börsenticker, den Mehrfachtelegraphen, das Mikrophon, das Grammophon (Schallplatte) und die Glühlampe. Gerade jedoch die Glühlampe ist ein Paradebeispiel dafür, welche Leistungen ein Mensch vollbringen kann, wenn er ein Ziel hat, das er mit unbändiger Konzentration und Energie zu erreichen versucht. Edison hatte die Vision einer beleuchteten Stadt bei Nacht mit Hilfe der Elektrizität. Er begann zu forschen und kam schließlich auf die Glühlampe, die er mit Gas füllte. Die Schwierigkeit bestand darin, die richtige Gasmischung herauszufinden. Er experimentierte Tag und Nacht. Tausende Versuche wurden unternommen. Schließlich waren alle Mittel aufgezehrt, und seine Mitarbeiter sagten zu ihm, sie sähen nun keine Möglichkeiten mehr, um doch noch die richtige Mischung zu entdecken. Doch in der folgenden Nacht gelang schließlich der Durchbruch – und heute machen wir uns keine Gedanken mehr darüber, wenn wir nachts auf die beleuchteten Geschäftsstraßen spazieren, welche Leistung Edison und seine Mitarbeiter vollbracht haben.

Wie viel positives Denken, wie viel Glaube muss dieser Mensch besessen haben, dass er – trotz vieler Misserfolge – immer wieder bereit war, stets weiterzusuchen und schließlich zum Erfolg zu gelangen?

AUSZUG AUS:
„ALLES IST MÖGLICH.
STRATEGIEN ZUM ERFOLG",
JÜRGEN HÖLLER

Ziele

*„Nur wer sein Ziel kennt,
findet den Weg."*

LAOTSE

Ohne Ziele in Deinem Leben bist Du wie ein Boot ohne Ruder, Dein Leben wie ein Fahrrad ohne Lenker.

Ziele geben Deinem Leben die entscheidende Richtung und verleihen ihm einen Sinn. Sie sind wie Fixsterne für Dich, die Dich bei Deiner persönlichen Entwicklung führen und Dir helfen, Deinen Weg zu finden und weiterzugehen. Und wenn Du nur einige wenige Muster bei Deiner Zielformulierung beachtest, treibst Du den Prozess Deiner eigenen Selbstverwirklichung kraftvoll voran.

Bedenke: Nur 5 % aller Menschen haben überhaupt ein Ziel – und diese Menschen haben einen Anteil am Volkseinkommen von 70 %.

*„Der erste Schritt,
zu bekommen,
was ich will,
heißt zu wissen,
was ich will."*

ANDREAS ACKERMANN

Die 10 Zielgesetze

1

Dein Glaube an die Erreichung Deines Ziels.

2

Eine klare, konkrete, präzise und messbare Zielformulierung. Gestalte das Zielbild so lebendig wie möglich und benutze bei Deiner Zielvorstellung alle Deine Sinne – was siehst, hörst, riechst, fühlst und schmeckst Du, wenn Du Dein Ziel erreicht hast?

3

Eine zeitliche Terminierung.

4

Aktive Formulierung in der Gegenwart. Fühle Dich, immer wenn Du Dir Dein Ziel vorstellst, bereits so, als ob Du das Ziel schon erreicht hättest. Dies verstärkt die Wirkung Deines Zieles um ein Mehrfaches.

5

Es darf nicht gegenseitig im Widerspruch zu anderen Zielen stehen: Man kann nicht zwei Ziele mit einem Pfeil treffen (Arabisches Sprichwort).

10

Dein Ziel sollte zum Wohle aller sein.

9

Je größer das Ziel, desto motivierter wirst Du sein. Wenn Du nur einen Fingerhut aufstellst, kannst Du bei Regen auch nur einen Fingerhut voll Wasser erhalten.

8

Dein Ziel sollte alle Bereiche Deines Lebens umfassen (Beruf, Familie, Beziehungen, Gesundheit, Selbstverwirklichung, Persönlichkeit, Sinn).

7

Teile Deine Ziele kurzfristig, mittelfristig und langfristig ein (um sich besser dauerhaft motivieren zu können).

6

Verwende „Ich bin“ als erstes Wort Deiner Zielvorstellung.

Meine Ziele

KAPITEL II

Mit diesen beiden Zielformulierungen versuchen wir Dir so präzise wie möglich eine beispielhafte Zielformulierung zu geben. Diese soll nur als Anregung dienen und kann bei der eigenen Gestaltung sicherlich noch mehr präzisiert werden.

Männliche Formulierung

Mein Jahresziel: Am Ende diesen Jahres bin ich Verkaufsleiter unserer Abteilung. Mein Jahreseinkommen beträgt 150.000 Euro. Ich besitze ein wunderschönes Haus mit Blick auf das Wasser und die Berge. Das Haus ist mit Parkettfußboden, offenem Kamin und Swimming-Pool ausgestattet. Der Wohnbereich geht nahtlos in den Esszimmerbereich über. Das Haus ist im Atelierstil eingerichtet, mit Bildern namhafter Künstler an den Wänden. Ich fahre ein edles Auto der Luxusklasse, das voll und ganz meinem Geschmack entspricht. Am Ende des Jahres stoße ich glücklich mit meiner Frau auf das neue Jahr auf einem 5-Sterne Kreuzfahrtschiff an, das sich gerade auf der Einfahrt nach Brasilien mit Blick auf den Zuckerhut befindet.

Mein Wunschgewicht

Ich bin Alexandra und wiege an meinem Geburtstag 63 kg. Wenn ich an meinem Geburtstag morgens aufwache, betrachte ich mich im Spiegel und fühle mich angenehm in meinem Körper. Ich fühle mich pudelwohl, weil ich keinen körperlichen Ballast mehr mit mir herumtrage – ein Gefühl der Fitness und des Wohlfühlens ist in mir. Nachdem ich geduscht habe, creme ich meinen Körper ein und pflege ihn. Dann ziehe ich mein neues Kleid an in Kleidergröße 38, in dem ich mich sehr attraktiv fühle. In aller Ruhe und Zufriedenheit schminke ich mich. Ich betrachte mich im Spiegel und sage mir stolz: „Heute gefalle ich mir sehr, ich sehe heute wirklich gut aus."

Mein Körper fühlt sich angenehm, attraktiv und fit an. Nach dem Frühstück mache ich einen Bummel in der Stadt. Ich bemerke mehrere freundliche Blicke von Seiten der Männerwelt. Bereits diese Aufmerksamkeit vermittelt mir ein sehr, sehr angenehmes Gefühl. Nach dem Bummel komme ich zu uns in die Geschäftsstelle: Meine Mitarbeiter sagen mir: „Also, Du siehst heute wirklich toll aus – dieses Kleid steht Dir einfach prächtig." Abends komme ich von diesem Tag nach Hause, und mein Mann hat heute für mich gekocht und den Tisch romantisch gedeckt. Sein Geburtstagsgeschenk für mich ist eine wunderschöne Halskette, die ich zu meinem neuen Kleid trage. Dann stoßen wir mit Wein an und er sagt zu mir: „Alles Liebe zum Geburtstag, Schatz. Ich finde, dass Du heute wirklich wunderschön aussiehst". Und dann gibt er mir einen Kuss.

Persönliche Ziele

Meine Familie:

ÜBUNG

Und nun bist Du an der Reihe. Mach Dir eine gute Tasse Tee oder einen frischen Kaffee, setze Dich an einen Ort, der Dich inspiriert und schreibe Deine Ziele auf. Du findest hier zwei beispielhafte Zielformulierungen. Unterscheide bei Deinen Zielen am besten nach:

1. **„Meine persönlichen Ziele"**
   unterteilt z. B. in die Lebensbereiche „Meine Familie", „Meine Hobbies", „Meine Freunde", „Mein soziales Engagement".

2. **„Meine beruflichen Ziele"**
   unterteilt in „Meine Karriere", „Mein Einkommensziel", „Meine materiellen Ziele", „Weiterbildung".

WORK BOOK

Die Erfolgsgeschichte von Microsoft

Die Geschichte von der unbändigen Kraft, die großen Zielen innewohnt: Eines Tages kam ein junger Mann zu seinen Eltern und teilte ihnen mit, dass er sein Studium abbrechen wolle, um zusammen mit seinem Freund neuartige Computer Software-Programme zu produzieren. Die Eltern waren natürlich nicht sehr begeistert von dieser Entscheidung, gaben aber ihrem Sohn dennoch ein Startkapital von 20.000 Dollar und ihre Garage als Firmengebäude. Der junge Mann hieß Bill Gates, sein Freund Paul Allen. Sie gründeten die Firma Microsoft und kauften von einem anderen Unternehmen eine Betriebssoftware für die neuen Personalcomputer. Damals waren nämlich noch keine Betriebssysteme auf dem Markt. Sie nannten dieses Programm MS-DOS und es trat seinen Siegeszug um die Welt an. Die Vision von Bill Gates lautete damals: „Eines Tages steht auf jedem Schreibtisch ein Computer und – was er allerdings nie laut äußerte – in jedem Computer laufen dann die Programme von Microsoft". Mittlerweile ist Bill Gates einer der reichsten Männer der Welt, sein Privatvermögen beträgt über 100 Milliarden Dollar. Er und seine Geschichte sind ein gutes Beispiel dafür, welche unbändige Kraft große Visionen in sich tragen.

AUSZUG AUS:
„SAG JA ZUM ERFOLG",
JÜRGEN HÖLLER

Nicht der Wind,
sondern die Segel
bestimmen den
Kurs.

Ein amerikanisches Märchen

Es war einmal ein alter Mann, der lebte an einer amerikanischen Überlandstraße. Er konnte nicht mehr so gut sehen, deswegen las er keine Zeitung. Auch seine Ohren waren alt geworden, so dass er auch das Radio hören aufgegeben hatte. Der alte Mann besaß einen kleinen Hot Dog-Stand, hinter dem er immer mit freudiger Stimme seine Hot Dogs laut verkaufte. Die Qualität der Hot Dogs war sehr gut und das Geschäft des alten Mannes lief auf vollen Touren. Eines Tages stand er somit vor der Überlegung, ob er sich nicht einen größeren Grill zulegen sollte. Der alte Mann hatte einen gelehrten Sohn aus der Stadt, den er um Rat fragte. Dieser sagte zu ihm: „Aber Vater, hast Du es denn nicht im Radio gehört – wir befinden uns in einer schrecklichen Rezession. Du kannst jetzt auf keine Fälle eine neuen Grill kaufen." Der alte Mann dachte: „Mein Sohn war auf der Universität, der wird es schon wissen." So kaufte er keinen größeren Grill. Darüber war er betrübt und durch seine Traurigkeit rief er nicht mehr lauthals, wie gut seine Hot Dogs waren, wie er es vorher getan hatte. Daraufhin kamen nach und nach weniger Leute zu seinem Stand, bis schließlich fast niemand mehr kam. Da sagte der Mann: „Mein Sohn hatte Recht, wir befinden uns wirklich in einer schrecklichen Rezession. Niemand will meine Hot Dogs mehr kaufen."

Visualisierungen

Visualisierungen sind innere Bilder und Vorstellungen, wie Du Deine eigene Zukunft siehst.

Sie beeinflussen in sehr großem Maße, wie Du handelst und wie Du Dich gibst. Und dann werden durch genau diese Handlungen Deine inneren Vorstellungen realisiert. Nun kannst Du Deine inneren Bilder dazu nutzen, Dein Verhalten, Deine Vorstellung von Dir selbst und damit Dein Leben in eine neue Richtung zu dirigieren – Dein Dirigierstab sind Deine Gedanken.

Bitte nutze die Übungen auf den nachstehenden Seiten – früher habe ich den Fehler begangen, solche Übungen zu lesen, darüber zu lächeln und mir zu denken: „Diese Übung macht Sinn, die sollte ich vielleicht doch einmal ausprobieren". Aber etwas getan, gehandelt habe ich nicht. Das dann nicht das beste Buch Wirkung in meinem Leben haben konnte, hatte ich offensichtlich übersehen.

Doch leider ist der Mensch sehr bequem, und es wird von Deiner Seite auch einer gewissen Anstrengung bedürfen, die eigene Komfortzone zu übertreten, um Dich wirklich aktiv für das Durchführen der Übungen zu entscheiden. Sei Dir bewusst, dass Du damit zu einer Minderheit von Menschen zählst, die wirklich ihr Leben durch Tun verändern, nicht nur darüber reden, sondern aktiv etwas verändern. Diese Konsequenz und Selbstdisziplin ist eine besondere Fähigkeit, die nicht viele Menschen besitzen. Jetzt liegt es an Dir, ob Du diese Fähigkeit für Deine eigene Entwicklung auch weise einsetzen willst!

Die nachfolgenden Übungen dienen dazu, Dir Deiner positiven Charakterzüge, Erfolge und Fähigkeiten bewusst zu werden, die Du bereits besitzt. Diese Übungen geben Dir Kraft und Energie, besonders in Zeiten von Problemen und Zweifeln. Ihre Ergebnisse helfen Dir dabei, Dich, trotz mancher Widrigkeiten, beharrlich weiter auf die Ziele Deines Lebens zuzubewegen.

ÜBUNG

Nutze das Workbook zum DANKE-Buch und nehme Dir ein paar Minuten für die Übung

„Ich bin es wert, erfolgreich zu sein, weil ..."

Diese Übung wird für Dich zu einer kleinen Schatztruhe voller Diamanten werden und Dein Selbstvertrauen wird sich schnell und effektiv vergrößern.

WORK BOOK

Meine Zukunftscollage

KAPITEL II

ÜBUNG

Sammle hier Fotos von all den Dingen, die Du Dir in der Zukunft wünschst – beruflich und privat. Was möchtest Du beruflich tun? Wie möchtest Du leben? Wo möchtest Du Deine Urlaube verbringen? Klebe Bilder aus Deinem Familienalbum, Zeitschriften und Katalogen in Deine Zukunftscollage. Gerne kannst Du Dir dazu auch ein viel größeres Blatt nehmen, z. B. ein Blatt vom Flipchartpapier oder die Rückseite von einer Tapetenrolle. Sei kreativ und habe Spaß beim Basteln!

WORK BOOK

Da möchte ich hin

So will ich leben...

Das hab' ich mir schon immer gewünscht!

... oder so!

Mein Traum!
Das wäre der Job für mich!
Viel Zeit dafür....
Würd' mir auch gut stehen...
Mein Ziel für nächstes Jahr

Erfolg

Erfolg ist ein Grundprinzip des Lebens. Du trägst den Schlüssel für Deinen Erfolg ständig bei Dir. Der Schlüssel zu Deinem Erfolg sind Deine Entscheidungen und Deine Gedanken, was Du werden willst und wer Du sein wirst.

Durch Deine positiven und konstruktiven Gedanken „er-folgt" Dein Erfolg in Deinem Leben. Finde zunächst einmal heraus, was Erfolg für Dich bedeutet. Wohlstand? Frieden? Beziehungen? Das musst Du für Dich selbst klären. Und dann entfalte Dein Potenzial und Deine Schaffenskräfte und verwirkliche Deine Ziele und Träume – der Erfolg wird Dir sicher sein.

Normalerweise wird Erfolg primär mit beruflichem Weiterkommen verbunden, doch der wahre Erfolg im Leben hat viel mehr Aspekte: Sich geliebt zu fühlen, intakte Beziehungen zu Dir selbst und zu anderen Menschen, Liebe in einer Partnerschaft, finanzielle Freiheit und Gesundheit. Es geht in Deinem Leben nicht darum, erfolgreicher als andere Personen zu werden, sondern einzig und allein darum, dass Du das Beste aus Deinem Leben machst, was Du mit Deinen Fähigkeiten erreichen kannst. Dies ist so, weil das Gefühl, ob Du Dich bei einem Ergebnis erfolgreich fühlst, allein von Deinen selbst gesetzten Erwartungen abhängt – z. B. war für manche eine 4 ein Riesenerfolg in der Schule, während die Besten bei einer 2 im Boden versunken sind.

Erfolgreiche Menschen wissen, dass sie in der Lage sind, alles zu lernen und alles Notwendige zu tun, um ihren Zielen einen Schritt näher zu kommen. Sie wissen, dass Erfolg zu haben auch bedeutet, diszipliniert und konzentriert, beharrlich und ausdauernd Leistung zu erbringen. Denn der Fleißige und Aufmerksame kann auf glückliche Umstände reagieren, die ihm seinen Zielen näher bringen.

Wenn Du noch erfolgreicher werden willst, dann werde Dir zunächst über Deine eigenen Stärken und Schwächen bewusst.

Erfolg ist:

- Der feste Wille zum Erfolg.
- Die Fähigkeit zur absoluten Konzentration.
- Eine stabile Gesundheit und robuste Konstitution.
- Der uneingeschränkte Glaube an sich selbst und seine Kräfte.
- Die Fähigkeit, sich von Niederlagen schnell zu erholen und daraus Kraft zu schöpfen.

„Alle berühmten Persönlichkeiten von morgen sind heute noch unbekannt."

NIKOLAUS B. ENKELMANN

Stärken und Schwächen gegenüberstellen

Nutze die nächsten Minuten dazu, eine Bilanz Deiner Fähigkeiten und Talente, Deinen Schwächen gegenüberzustellen, damit Du gezielt Deine Stärken weiter ausbauen kannst, und sie Dich auf dem Weg zu Deinem Erfolg unterstützen können.

WORK BOOK

Die Erfolgsstrategie: Die einzelnen Bausteine in diesem Buch werden Dir dabei helfen, Deine persönliche Erfolgsstrategie zu entwickeln.

Erfolg

KAPITEL II

Bevor Erfolg in Dein Leben tritt, wirst Du unter Umständen einige Prüfsteine und Hindernisse erfahren und überwinden müssen. Wenn man eine solche Erfahrung macht, ist die leichteste und logischste Lösung, aufzugeben. Genau das tut die Mehrheit der Menschen.

Gib niemals auf! Dein Leben wird zu etwas Besonderem, wenn Du Dich dazu entschließt, zeitlebens Deinen persönlichen Lebensweg weiterzugehen. Wenn Du mit diesem Entschluss lebst, dann fühlst Du Freude und Glück, ungeachtet was Dir in Deinem Leben begegnet, weil Du Deinem Leben einen Sinn verleihst.

Lass Dich niemals von zweifelnden und allzu kritischen Meinungen anderer beirren, die Deine Ziele für „vollkommen unrealistisch" und „übertrieben" halten. Wie können andere Menschen wissen, was Dich glücklich macht? Das kannst nur Du allein, indem Du in Dich hinein hörst. Solange Du dies befolgst und Du ein gutes Gefühl hast, bei dem, was Du tust, bist Du auf dem richtigen Weg, auch wenn das Zielufer zeitweise nicht sichtbar sein mag. Gehe Deinen Weg weiter!

Um ausdauernder zu werden, kannst Du Folgendes tun: arbeite an Deinem Selbstwertgefühl und bediene Dich einer Vorstellung. Stell Dir jetzt vor, in Deinem Inneren besitzt Du eine Art Trainer oder Coach, der Dich auf Deinem Weg begleitet und anfeuert. Vielleicht sieht er aus wie ein Fussball- oder Baseballcoach oder einfach wie ein guter Freund. Stelle ihn Dir bildlich vor. Zeige ihm, wie er Dich am besten anfeuern und coachen kann. Vielleicht ruft er Dir in Zukunft zu: Ja, genau, weiter so! Du schaffst es!

Somit kannst Du Dich wesentlich dabei unterstützen, in Zukunft noch beharrlicher zu werden.

Hab Geduld, denn alle Dinge sind schwierig, bevor sie leicht werden.

FRANZÖSISCHES SPRICHWORT

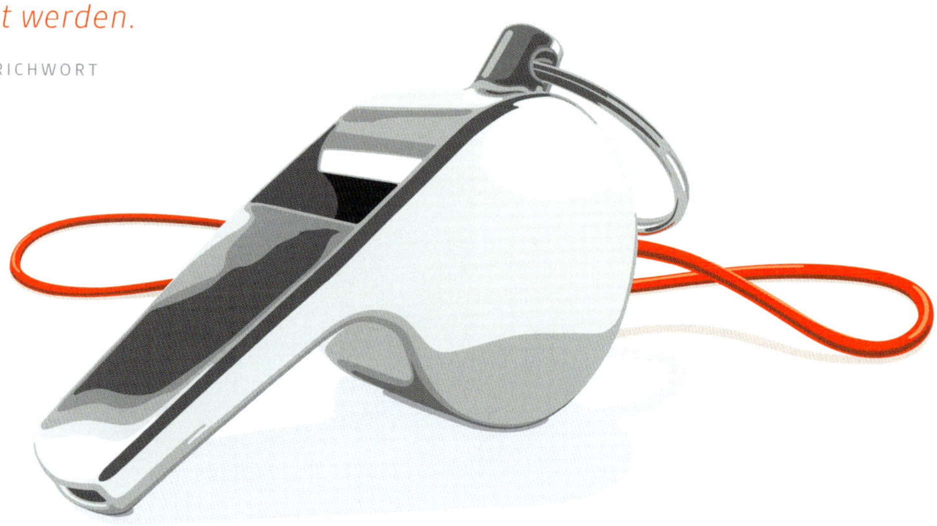

ERFOLG

„Erfolg heißt:
Oft und viel lachen;
die Achtung intelligenter Menschen
und die Zuneigung von Kindern
gewinnen;

die Anerkennung aufrichtiger
Kritiker verdienen und den
Verrat falscher Freunde ertragen;

Schönheit bewundern,
in anderen das Beste finden;
die Welt ein wenig besser verlassen,
ob durch ein gesundes Kind,
ein Stückchen Garten oder einen
kleinen Beitrag zur Verbesserung
der Gesellschaft;

wissen, dass wenigstens das Leben
eines anderen Menschen leichter war,
weil Du gelebt hast.

Das bedeutet, nicht umsonst
gelebt zu haben."

RALPH WALDO EMERSON

Ralph Waldo Emerson möchte Dir mitteilen, auf was Du in Deinem Leben achten solltest:

Versuche, das Leben so intensiv wie möglich in all seinen Facetten zu erleben, und in all den verschiedenen Teilen Deines Daseins Zufriedenheit zu erlangen: eine glückliche Partnerschaft voller Verständnis und Liebe zu leben, gute, verlässliche Freunde zu besitzen, in Deinem Beruf Spaß zu finden, und Dich in ihm selbst zu verwirklichen, das bedeutet, den Beruf auszuüben, den Du Dir immer gewünscht hast, finanziell abgesichert zu sein, um die Freiheit des Lebens voll auskosten zu können, Deinen Körper durch Bewegung und Ernährung fit zu halten, um das Leben vitaler und zufriedener bis in den Herbst Deines Lebens genießen zu können, die Beschäftigung mit den wirklich wichtigen Fragen des Lebens, welche Dich immer weiter wachsen lassen, um zu einer lebenserfahrenen, weisen Persönlichkeit zu reifen, Dich selbst zu lieben, anderen häufig Deine Liebe zu schenken und dadurch selbst tiefglücklich zu werden.

*Erfolg ist abhängig vom Nutzen,
den Du anderen Menschen gibst.*

Wenn Du im Leben

höher

steigen willst,
musst Du Ballast abwerfen.

KAPITEL II

Die Erfolgsgeschichte von Siegfried und Roy

Aus heutiger Sicht hört sich die Erfolgsgeschichte von Siegfried und Roy wie ein Märchen an. Beide stammen aus zerrütteten Familien, die unter den Folgen des zweiten Weltkrieges litten. Wie es der Zufall so wollte, trafen sie sich eines Tages auf einem Kreuzfahrtschiff, wo Siegfried als kleiner Zauberer auftrat, während Roy als Page arbeitete. Vor einem Auftritt rannten die beiden versehentlich ineinander und Roy wurde als Assistent zum Mitmachen in Siegfrieds Show eingebunden. Von nun an begann eine ewige Freundschaft, die bis zum heutigen Tage erhalten geblieben ist. Siegfried weihte den 16-jährigen Roy in die Magie mit all ihren glanzvollen Höhepunkten ein, während Roy seinen Weggefährten mit seiner Leidenschaft für Raubtiere und Tiger faszinierte. Für Roy gab es bald nur noch ein Ziel: er wollte, dass Siegfried zum größten Zauberer aller Zeiten wurde und er wollte ihm dabei helfen. Mit all seiner Kraft, seinem Optimismus, seiner Begeisterung und natürlich all seiner Fantasie. Siegfried und Roy besaßen die gemeinsame Vision, Konventionen ad absurdum zu führen, und endlich ein Reich für alle Träumer dieser Welt zu schaffen. Doch vor allem Ruhm begann zunächst die schwierige Zeit der Suche nach Engagements in ganz Europa, welche die beiden mit einem ausgewachsenen Geparden im Schlepptau und ihrem ständigen Begleiter, dem Hunger, durchlebten.

Den Glauben an die Zukunft verloren Siegfried und Roy trotz all der Entbehrungen nicht, und für ihre Hartnäckigkeit wurden sie schließlich belohnt. Ein Agent entdeckte das Duo, und nach einem Engagement im Lausanner Cabaret Tabaris begannen die beiden, das Publikum in Monte Carlo zu begeistern. Nach weiteren fulminanten Auftritten in Europa bekamen sie schließlich einen Auftritt in Las Vegas. Und hier treten sie gemeinsam auf: nicht nur, dass ihnen die wichtigste Auszeichnung für Künstler in Las Vegas, der „Best Show of the Year-Award" fünf Mal hintereinander verliehen wurde, sie blickten bereits 1999 nach zehn Jahren im „Siegfried & Roy Theater" auf 4.000 Bühnenauftritte zurück.

Die wohl erfolgreichsten Entertainer der Welt haben gemeinsam über 16.500 Life-Auftritte mit 22 Millionen Zuschauern absolviert. Auch in schwierigen Zeiten hält das Duo zusammen. Bei einem Unfall mit einem ihrer weißen Tiger wurde Roy im Jahre 2003 schwer verletzt. Gemeinsam gehen sie nun Wege, Roy zu fördern und zu unterstützen. Und im März 2006 hat das Duo wieder einen großen gemeinsamen Erfolg gefeiert. Roy, der seit dem Unfall im Rollstuhl saß, konnte bei einer Veranstaltung wieder die ersten Schritte gehen. Das feierte er mit den Worten „The magic is back!" Man darf gespannt sein, wie die Zukunft der beiden weiter geht.

AUS SIEGFRIED & ROY,
„WEISHEITEN, DIE DEIN LEBEN VERÄNDERN"

Schlüssel für mehr Lebenserfol

1 Gib Dein Bestes – immer und überall.

2 Setze Dir klare Ziele und Visionen, die Du erreichen willst. Denn nur so weißt Du, in welche Richtung Du Dein Leben steuerst. Setze Dich ein für Deine Ziele und übernimm Verantwortung für Deine Handlungen.

3 Konzentriere Dich und sei aufmerksam – erkenne, ob Du Dich auf Dein Ziel zu oder von ihm weg bewegst.

4 Lerne ständig dazu, vor allem indem Du durch eine optimistische Lebenseinstellung aus gemachten Fehlern lernst.

8 Liebe das, was Du tust. Übertrage Deine Freude und Begeisterung auf andere Menschen. Lebe Deinen Erfolg und pflege gesellschaftliche Kontakte.

7 Handle. Setze Deine Ideen um.
Habe Mut, Deine Ideen zu verwirklichen.

6 Lache. Sei fröhlich und optimistisch. Zeige ein aufrichtiges Interesse an anderen Menschen.

5 Bereite Dich bei Entscheidungen gut vor, besorge Dir Informationen und Unterlagen. Am Wichtigsten ist jedoch Dein Bauchgefühl und Deine Intuition bei einer Entscheidung.

Beruf

Arbeit ist wichtig für Dein Leben. Deine Tätigkeit verleiht Dir das Gefühl, dass Du gebraucht wirst und Deine Talente einsetzen kannst, um Dich selbst zu verwirklichen.

Normalerweise klagen Menschen, dass sie zu viel arbeiten müssen, doch ohne Beschäftigung, Tätigkeit oder Arbeit hat Dein Leben wenig Inhalt. Durch das, was Du tust, gibst Du Deinem Leben Sinn – sei es die Erziehung Deiner Kinder, der Ausbau Deines Unternehmens oder eine ehrenamtliche Tätigkeit.

Manchmal haben wir nicht die Arbeit, die wir uns wünschen oder gewisse Verpflichtungen lassen es nicht zu, eine andere Arbeit zu suchen. Dennoch hast Du die Möglichkeit, die Art und Weise, wie Du Deine tägliche Beschäftigung erlebst, zu verbessern.

Wähle Deine Einstellung ...

Das Leben ist viel zu kostbar, um auch nur einen einzigen Tag durch Ärger oder Frust im Job zu verschwenden. Du hast immer die Wahl, welche Einstellung Du gegenüber Deiner Arbeit hast, auch wenn Du vielleicht Deine Arbeit nicht verändern kannst. Bitte denke daran: entweder Du änderst die Situation oder Deine Einstellung dazu.

Dein Arbeitstag wird sich merklich aufhellen, wenn Du jemanden findest, dem Du an diesem Tag eine Freude bereitest, sei es durch ein Lob, Dein aufmerksames Zuhören oder eine kleine Aufmerksamkeit. Frage Dich selbst: Welche guten Aspekte hat meine Arbeit? Was schätze ich an meiner Arbeit sehr?

WORK BOOK

Und wenn Du merkst, dass Deine Energie nachlässt, gibt es ein absolut sicheres Gegenmittel, Deine Energie wieder aufzufüllen: Suche jemanden, der Hilfe braucht, ein Wort des Lobes oder sei ein aufmerksamer Zuhörer und bereite ihm einen schönen Tag. Somit schenkst Du einem anderen Menschen das Gefühl, dass Du ihn respektierst, ihn magst und als Person wertschätzt. Das wird auch Dir selbst ein gutes Gefühl geben und Du wirst Dich besser fühlen.

Carpe diem – nutze den Tag –
Dein Beruf dient dazu, Deinen Talenten und Fähigkeiten Ausdruck zu verleihen.

Kommunikation

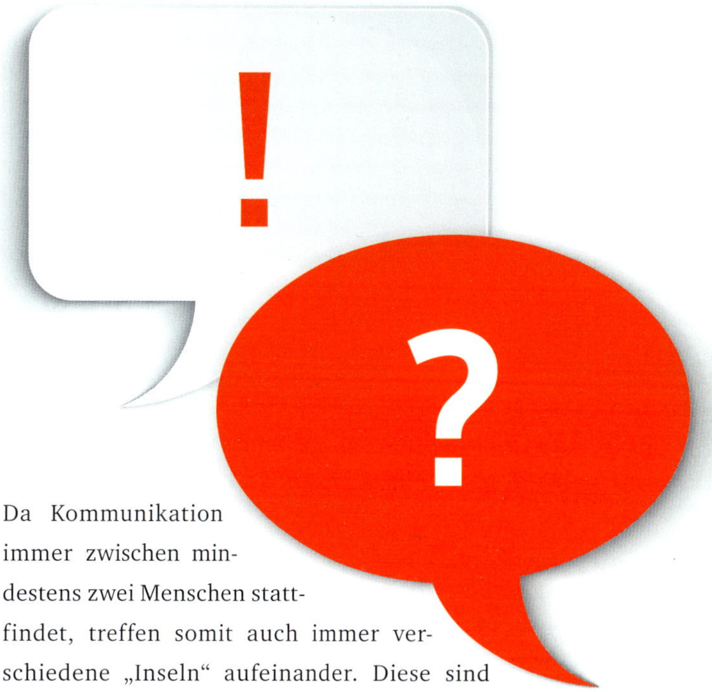

Kommunikation ist die Fähigkeit, sich miteinander gut zu verständigen. Sie ist deshalb so wichtig, weil Kommunikation häufig zu Konflikten und damit zu negativen Gefühlen führt.

Hier nun ein ganz einfaches Beispiel, welches die unterschiedlichen Bedeutungen in der Kommunikation wiederspiegeln kann.

„Klaus hat über die Hornhaut gesprochen."

Diesen Satz kann ich mindestens auf zwei verschiedene Arten und Weisen verstehen. Entweder mein Gesprächspartner spricht über seine Hornhaut, die er an gewissen Stellen seiner Hautschicht am Körper trägt. Genauso gut könnte er jedoch über die Hornhaut des Auges sprechen. Aus dem Zusammenhang heraus lässt sich dies nicht erkennen.

Deswegen ist Nachfragen für eine gelungene Kommunikation von großer Wichtigkeit. Wenn Du den anderen wirklich verstehen willst, dann frage nach und bitte ihn gegebenenfalls, sich zu wiederholen. In Kommunikationsmodellen geht die Wissenschaft davon aus, dass jeder Mensch in Bezug auf seine Kommunikationsfähigkeit wie eine Insel ist. Diese Insel umfasst all seine Werte, Erfahrungen, Sichtweisen, Überzeugungen, die ihm wichtig sind. Dies ist die Welt, die ihn umgibt und die ihm somit wichtig ist.

„Sprechen und Hören ist Befruchten und Empfangen."

NOVALIS

Da Kommunikation immer zwischen mindestens zwei Menschen stattfindet, treffen somit auch immer verschiedene „Inseln" aufeinander. Diese sind zunächst unabhängig voneinander. Jede steht für sich. Doch nun ist es sehr wichtig zu beachten, dass eine solche Insel in Bezug auf Werte, Erwartungen und Ziele von Mensch zu Mensch vollkommen unterschiedlich ist. Es gilt also immer zu berücksichtigen, dass wir uns zwar bei gewissen Themen annähern, doch im Grunde immer unterschiedlich geprägt sind. Wenn Du diese Tatsache akzeptierst, ist die Wahrscheinlichkeit hoch, Missverständnisse weitgehend zu vermeiden.

Bitte denke immer daran, der andere ist unterschiedlich und hat niemals genau Deine Sichtweise auf die Dinge.

„Der schnellste Weg, sich über eine Sache klar zu werden, ist das Gespräch."

FRIEDRICH DÜRRENMATT

Um einander zu verstehen,
brauchen die Menschen nur
wenige **Worte.**

Viele Worte brauchen sie nur,
um sich nicht zu verstehen.

INDIANISCHE WEISHEIT

Kommunikation zwischen Mann und Frau

KAPITEL II

Besonders stark tritt dieser Unterschied in der Kommunikation zwischen Mann und Frau hervor. Typisches Beispiel hierfür ist das folgende, allgemein bekannte Beispiel, welches sich auf einer Autobahn abspielt: Ehefrau: „Schatz, hast Du Durst, wir können gerne an der nächsten Raststelle halten." Ehemann: „Nein, danke, ich habe keinen Durst".

Häufig kommt der Ehemann nicht auf die Idee, dass seine Ehefrau diese Frage geäußert hat, weil sie sich wünscht, dass auch er sie fragt, ob sie Durst hat. Die Quintessenz dieses Kapitels: Jeden Tag musst Du Dich von neuem auf Deine Mitmenschen einstellen. Sehe es wie das Erlernen einer Fremdsprache. Zur Verbesserung Deiner Kommunikationsfähigkeit solltest Du niemals automatisch davon ausgehen, dass der andere die Dinge genauso sieht, wie Du selbst.

Ist Dir auch schon einmal aufgefallen, dass man sich in einer längeren Partnerschaft meistens über Kleinigkeiten aufregt? Wie viele kleine Details des Alltags dann zu Dartpfeilen werden, mit denen man seinen Partner verletzt? Wenn auf einmal der Partner völlig wütend wird, weil man die Hose aus Versehen auf dem Boden hat liegen lassen? Wieso werden solche „unwichtigen" Aspekte dann so wichtig, sowohl für einen selbst als auch für den Partner? Wie kannst Du konstruktiver mit einer solchen Situation umgehen?

„Kommunikation führt zu Gemeinschaft, Gemeinschaft heißt, Verständigung, Vertrautheit und gegenseitige Wertschätzung."

ROLLO MAY

Ein Beziehungsexperte aus den USA, Dr. John Gray, hat dazu folgende Idee entwickelt: Wenn wir uns streiten, ist dies immer Ausdruck dafür, dass wir uns nicht genug geliebt fühlen. Vielleicht weil wir uns in unserer persönlichen Stärke vom Partner angegriffen fühlen oder unsere Gefühle nicht respektiert werden.

Gray benutzt hierbei folgende Vorstellung: Alle negativen und verdrängten Gefühle, die wir in der Vergangenheit erlebt haben und nicht verarbeiten konnten, werden in einer Art „Mülleimer“ im Unterbewusstsein gespeichert. Alle Verletzungen durch andere und alle sonstigen seelischen Wunden. Diese Gefühle drängen immer wieder an die Oberfläche, weil sie verarbeitet werden müssen. Nur wenn wir sicher sind, dass wir wir selbst sein können, können die Gefühle an der Oberfläche wieder geheilt werden. Laut Dr. John Gray bildet diese Form der Gefühle bis zu 90 % der Gefühle, die wir in einem Gespräch erleben. Kommt es in solch einer Phase nun zu einem Streit mit dem Partner, werden die Verletzungen aus der Vergangenheit auf die Gegenwart projiziert. Man fühlt den Schmerz von Vergangenem und empfindet eine Handlung des Partners deswegen unter Umständen als extrem verletzend.

Wenn wir uns also vor Augen halten, dass zu 90 % Gefühle aus der Vergangenheit für die Wut des Partners und nicht etwa meine momentane Handlung verantwortlich sind, können wir verständnisvoller reagieren.

Der Kommunikations-Werkzeugkasten

Um erfolgreich miteinander zu reden, ist der Kommunikations-Werkzeugkasten als Orientierung sehr hilfreich. Er beinhaltet unter anderem folgende Anregungen:

- Sei aufmerksam – höre Deinem Gesprächspartner aktiv zu!
- Stelle Fragen!
- Formuliere klar und präzise!
- Gib Deinem Gesprächspartner ehrliche Wertschätzung!
- Nenne ihn beim Namen!
- Höre auf Dein Bauchgefühl und arbeite mit Emotionen!

Vergebung

Was ist Vergebung? Wie kann ich vergeben? Kennst du das? Jemand hat mir etwas gesagt oder getan, dass mir missfallen hat, worüber ich sehr verärgert war oder immer noch bin. Immer wieder denke ich daran und immer wieder ärgere ich mich darüber.

Somit bin ich nicht frei in meinen Gedanken. Ich kann demjenigen auch nicht mehr so gegenüber treten, wie ich mir das vielleicht wünsche oder gerne hätte. Es ist etwas zwischen uns wie eine Mauer oder eine unsichtbare Wand. Ich gehe auf Distanz. Was natürlich in einer Partnerschaft oder in der Familie sehr belastend sein kann, da man unter einem Dach wohnt und nicht sehr viele Ausweichmöglichkeiten hat. Wir haben hier die Möglichkeit uns zu entscheiden entweder weiterhin darüber nachzudenken und uns zu ärgern oder wir springen über unseren Schatten und vergeben.

Wir vergeben aber nicht nur unserem Gegenüber sondern was noch viel wichtiger ist, wir vergeben uns selbst. Du wirst Dich vielleicht fragen, warum sollen wir uns selbst vergeben? Wir haben doch nichts getan. Stimmt nicht, selbst wenn der andere an den Missständen „schuld" ist, haben wir uns immer und immer wieder darüber geärgert und vielleicht bekommen wir beim Nachdenken ein kleines bisschen Einsicht, dass auch wir unseren Teil dazu beigetragen haben oder uns gewünscht hätten, anders mit der Situation umzugehen und nicht ganz „unschuldig" für die Situation waren. Also vergeben wir uns am besten als erstes dafür, dass wir uns über die Sache so geärgert haben. Das könnte zum Beispiel wie folgt aussehen:

VERGEBUNG

*„Ich schau es mir an das innere Kind
und bitte herbei die Engel geschwind.
Zu trösten und heilen die Wunden,
die tief und fest verwurzelt sind.*

*Zu lösen die Schmerzen und auch
die Qualen,die dieses Kind hat in
seinem Leben erfahren.
Zu füllen mit neuer Energie wie Liebe,
Vergebung und neues Vertrauen,
um mit offenem Herzen in die
Welt zu schauen.*

*Ich trau mich, ich geb mich dem hin.
Jetzt verstehe ich das Leben macht Sinn.
Mit diesen Gefühlen in meinem Herzen,
verstehe ich andere Menschen
mit ihren Schmerzen."*

SANDRA REISER

ÜBUNG

Richtig vergeben

„Ich vergebe mir .... (hier spreche Deinen Namen aus) aus tiefstem Herzen, dass ich mich über .... (Situation worüber wir uns geärgert haben) so geärgert habe und vergebe mir, dass ich in dem Moment so gehandelt habe. Ich vergebe mir und nehme mich so an, wie ich bin. Danke."

Wenn wir anderen vergeben möchten, ist es nicht unbedingt notwendig, dass diese Personen anwesend sind – selbst wenn jemand schon verstorben ist. Du kannst es so formulieren, wie bei der eigenen Vergebung nur mit Anfügen der jeweiligen Namen und wichtig ist, dass es Dein Wunsch sein sollte und wirklich aus tiefstem Herzen kommt, damit „echte" Vergebung stattfinden kann. Lass Dich überraschen, welch wundersame Dinge sich danach ereignen können. Eines ist auf jeden Fall sicher, Du hast Deinen Kopf frei für andere Dinge.

DANKE

...und werde glücklich!

Höhen – Was bringt uns voran? Was hilft uns?

KAPITEL III

Werte

Glück empfinden wir, wenn wir ganz wir selbst sein können, ganz mit uns sind. Vollständig in Übereinstimmung mit dem, was uns im Inneren ausmacht. Und was uns im Inneren ausmacht, sind unsere innersten Werte – das, woran wir glauben.

Diese Werte, an die wir glauben und die uns ausmachen, die geben unserem Leben Sinn. Ein Leben, in dem wir uns von unseren eigenen Werten entfernt haben, wäre trotz allem finanziellen Reichtums und äußeren Erfolgs ein sinnloses Leben. Es würde uns nicht glücklich machen. Das Zitat von Leo Tolstoi beschreibt den wahren Antriebsfaktor sehr gut. Weil Du dann Deine eigenen Werte auslebst. Weil Du in Übereinstimmung mit Dir selbst bist. Und an den Zielen arbeiten kannst, die Dir Deine inneren Wertvorstellungen vorgeben.

Daher ist es so wichtig, dass wir Klarheit über unsere echten, ureigensten Werte erhalten. Denn Werte beschreiben nicht nur, was Dir im Leben wirklich wichtig ist, sie sind auch Deine stärksten Motivatoren.

Rituale pflegen

Neben der Sprache sind Rituale und Zeremonien wichtige Bereiche zur Identifizierung und Formung der Identität. Beobachte die Rituale, die Du ganz unwillkürlich einhältst, denn sie verraten Dir viel über das, was Dir wichtig ist. Und dann lebe Deine Werte bewusst, indem Du Rituale zelebrierst. Denn diese Rituale geben Dir jeden Tag ein großes Stück Glück. Bewusst erlebtes Glück!

Beispiele: Wie stehst Du morgens auf? Was unternimmst Du als Erstes? Überprüfe, ob das bereits ein Ritual ist, das Dir tägliche Orientierung, Glück und Zufriedenheit gibt. Hast Du Kinder? Was unternehmt ihr gemeinsam? Liest Du eine Gute-Nacht-Geschichte? Wie feierst Du Geburtstage oder Weihnachten? Gibt es weitere Lebensrituale, die Dir wichtig sind?

*„Das Glück besteht nicht darin,
daß du tun kannst, was du willst,
sondern darin, daß du immer willst,
was du tust."*

LEO TOLSTOI

Sie tragen quasi die Energie mit sich, die Du brauchst, um sie ausleben zu können. Denn sie geben den Zielen, die wir erreichen wollen, erst einen Sinn. Sinn aber treibt uns Menschen am stärksten an – das zeigen alle Studien zur Motivation von Mitarbeitern, von Menschen.

Wir selbst tragen die Verantwortung, die Werte und Ideale in uns zu suchen, zu erkennen und zu hinterfragen. Wecke Dein Bewusstsein für die Wichtigkeit der Werte. Vor allem solltest Du Dir regelmäßig die Frage stellen, wie Du die Werte im Alltag integrieren und sichtbar machen kannst. Denn Dein Handeln ist stark von den Werten beeinträchtigt. Die Werte beschreiben Deine gewünschten Zustände, schaffen Orientierung und motivieren Dich stets zum Handeln. Sie beeinflussen Dein Denken und Handeln und vor allem die Zufriedenheit mit dem eigenen Leben in Beziehungen, Partnerschaft, Familie und Beruf.

Deine wichtigsten Ziele im Leben sind wesentlich klarer und leichter erreichbar, wenn Du Dir Gedanken über Deine Wertestruktur gemacht hast. Denn Du bist viel stärker motiviert, wenn Du weißt, warum Dir das Ziel wichtig ist und was sich dabei für Dich im Leben erfüllt. Du richtest Deinen Fokus darauf, was Sinn für Dich macht, bei dem was Du tust. Das ist der Weg zum inneren Wesen des Glücks.

Auch Viktor Frankl fordert in seinen Thesen und Büchern: Sinn ist die Umsetzung von Werten. Werte, Sinn und Glück hängen also eng zusammen. Doch manchmal wirst Du spüren, dass Dir die eigenen Werte nicht immer bewusst zugänglich sind. Du hast ihnen zu wenig Aufmerksamkeit gewidmet. Kurz: Du weißt eigentlich zu wenig über die Werte, die Dich im Innersten antreiben.

Lebe nach Deinen persönlichen Werten und sei dabei vollkommen Du selbst!

ÜBUNG

Meine inneren Werte

Nimm Dir nun in der Achtsamkeitsübung Zeit, um Dich bewusst mit Deinen inneren Werten zu beschäftigen. Was ist Dir wirklich wichtig im Leben? Was willst Du hinterlassen? Welche Aufgabe motiviert Dich und warum? Wofür lohnt es sich Deiner Empfindung nach, zu leben?

Du kannst dafür auch verschiedene Fragen nutzen, die Dir helfen, Deine Wertebasis zu erkennen und dann in die Reihenfolge Deiner Priorität zu bringen:

- Was ist mir wichtig (in Bezug auf Karriere, Partnerschaft)?
- Worauf kommt es mir dabei an?
- Was ist dabei unverzichtbar?
- Warum ist es mir wichtig?

WORK BOOK

Konzentration

Konzentration ist die Fähigkeit in Deinem Leben, Deine Energie in einem Strahl zu bündeln und sie verstärkt auf Dein Ziel und auf Deine Aufgabe wirken zu lassen.

Du lässt Dich nicht mehr von Nebensächlichem ablenken, sondern richtest Deinen persönlichen Fokus darauf, wie Du Deine Ideen am besten Wirklichkeit werden lässt. Je mehr Du Dich konzentrierst, desto mehr wirst Du Deine gesteigerte Kraft kennen lernen. Konzentriere Deine Aufmerksamkeit auf das Wesentliche und erhöhe damit Deine Energie und Kraft, die ihn Dir steckt. Du kannst Deine eigene Einstellung noch leichter mit einem Bild überprüfen: Verwendest Du Deine Energie wie eine Gießkanne oder wie ein Wasserstrahl?

Mache es Dir zur Gewohnheit, Dir immer wieder diese Frage zu stellen: „Welche Aufgabe ist in diesem Moment wirklich wichtig?“ Diese kurzen Fragen dauern weniger als eine Minute und sind doch sehr effektiv: Wenn Du Dein Leben mit einer Autofahrt vergleichst, auch im Straßenverkehr musst Du manchmal anhalten, um Dich an den Verkehrsschildern neu zu orientieren und zu entscheiden, in welche Richtung Du weiterfahren möchtest. Ohne inne zu halten würdest Du wohl häufiger einmal in die falsche Richtung abbiegen.

ÜBUNG

Verändere Deinen Fokus

Wenn Du manchmal Deine Aufmerksamkeit noch auf mehrere Dinge gleichzeitig verteilst, kannst Du Deine Konzentration neu bündeln, indem Du innerlich „STOP rufst und Dich fragst: Welche Aufgabe ist in diesem Moment wirklich wichtig? Was hat erste Priorität? Was bringt mich meinem Ziel näher?

WORK BOOK

Kennst Du das: Du willst Dir ein neues Auto kaufen? Vielleicht einen weißen Mini Cooper? Und plötzlich siehst Du an jeder Straßenecke einen Mini Cooper, viel häufiger als vorher. Die Anzahl der Autos in Deiner Umgebung hat sich nicht verändert, sondern Dein Fokus, Du nimmst die Dinge jetzt wahr.

Deine Konzentration bündelt Deine Energie und schärft den Fokus auf das Wesentliche.

Der beste Weg zum Ziel verläuft selten gerade.

VOLKSWEISHEIT

„Wer einen
Stein ins
Wasser wirft,
verändert
das Meer.“

PAUL MOMMERTZ

Handeln

*„Es gibt nichts Gutes,
außer man tut es."*

ERICH KÄSTNER

Zu lernen, seine Ideen durch Handeln auch Wirklichkeit werden zu lassen, ist eine Lektion, die Dich immer wieder aufs Neue testet, wie sehr Du Deinen Traum verwirklichen willst.

Da ist dann immer wieder der eigene innere Schweinehund, der die Zügel an sich reißen will, die bequeme Komfortzone der Gewohnheiten und vielleicht noch ein oder zwei Kommentare Deiner Mitmenschen, die nicht vom Gelingen Deiner Idee überzeugt sind. Aber glaube bitte nicht, dass das nur Dir so geht.

Jeder Mensch muss sich manchmal überwinden, etwas wirklich zu tun. Jeder Mensch kann leichter über etwas reden als es dann auch wirklich selbst zu tun. Sei Du ein Mensch, der durch seine Handlungen zeigt, dass ihm das Erreichen seines Ziels wirklich wichtig ist. Je mehr Du tust und ins Handeln kommst, desto unausweichlicher erreichst Du Dein Ziel.

*An jedem neuen Morgen
hast Du die Chance,
der Welt zu beweisen,
dass Du die Einstellung
zum Sieger hast.*

Dein Handeln wird in starkem Maße von der Sehnsucht bestimmt, wie sehr Du etwas erreichen möchtest. Die Sehnsucht als lebendige Eigenschaft gibt Dir die Ausdauer, Deinen Wunsch dauerhaft weiterzuverfolgen.

*Erwarte nicht den Erfolg,
sondern verursache ihn
und gehe ihm entgegen …*

Auch brauchst Du, um die Kunst des Handelns zu beherrschen, genug Selbstvertrauen, um gegen innere und äußere Widerstände manchmal Deinen eigenen Weg zu gehen. Erinnere Dich immer daran: „Niemand außer Dir kann wirklich wissen, was Dich glücklich macht. Somit bist Du allein für Dein Glück verantwortlich, und kannst selbst alle Hebel in Bewegung setzen, um mehr Lebensfreude und Zufriedenheit zu erhalten. Denn wenn Du nicht handelst, bist Du immer Spielball der anderen. Dein Leben wird von anderen bestimmt. Und willst Du das wirklich?"

Wenn Du es auch nur einmal wagst, hinaus in die Ungewissheit zu springen, um Deinen Traum zu verfolgen, wirst Du schnell bemerken, wie lebendig Du Dich auf einmal fühlst. Durch Dein Handeln lebst und veränderst Du Dein Leben …

6
20

Ausdauer

Wie viel Ausdauer muss ein Mensch besitzen, der …

… mit 31 eine geschäftliche Pleite erlebte,

… mit 32 einen Wahlkampf verlor,

… mit 34 eine neue Pleite erlebte,

… mit 35 den Tod seiner Geliebten überwinden musste,

… mit 36 einen Nervenzusammenbruch hatte,

… mit 38 eine Wahl verlor,

… mit 43 im Kongress unterlag,

… mit 46 im Kongress unterlag,

… mit 48 im Kongress unterlag,

… mit 55 im Kampf um einen Senatorenplatz unterlag,

… mit 56 sein Ziel, Vizepräsident zu werden, nicht erreichte,

… mit 58 im Kampf um einen Senatorensitz unterlag,

… mit 60 zum Präsidenten der Vereinigten Staaten von Amerika gewählt wurde?

Der Mann heißt Abraham Lincoln.

Die letzte Rede *Winston Churchills*

EINE DER LETZTEN GROSSEN REDEN Winston Churchills sollte an einer Universität vor einem sehr, sehr großen Publikum stattfinden. Aus allen Teilen der Erde waren Menschen angereist, um dem berühmten alten Mann zuzuhören. Dann war es schließlich so weit: nachdem Winston Churchill angekündigt wurde, betrat er das Podium mit gemäßigten, langsamen Schritten. Mit Geduld und Achtsamkeit stellte sich Churchill hinter sein Rednerpult und blickte zunächst still für einige Minuten ins Publikum. Dann begann er seine Rede mit den Worten:

„Gib nie, nie, nie, nie, gib' niemals auf!" Mehr sagte er nicht. Dies war das Ende seiner Rede. Nachdem er noch einmal in sein Publikum geblickt hatte, um zu kontrollieren, ob es auch den wahren Sinn dieser Worte verstanden habe, stieg er von der Bühne und setzte sich. Das Publikum war sehr überrascht und wusste zunächst einige Minuten nicht, was geschehen war. Doch nach und nach verstanden mehr und mehr Zuhörer im Publikum die Wichtigkeit der Worte, die Winston Churchill geäußerte hatte. Schließlich erhoben sich alle von den Sitzen und applaudierten dem Mann minutenlang mit „Standing ovations".

In der Vergangenheit hatte Churchill für sich selbst die Wichtigkeit dieses Satzes herausgefunden. Bereits mehrere Jahre war es her, dass ihm während des zweiten Weltkrieges von seinen Militärberatern nahegelegt wurde: „Die Deutschen sind einfach zu stark; sie werden Großbritannien komplett zerstören, wenn wir die Waffen nicht niederlegen. Wir sollten kapitulieren." Churchill war sich nicht sicher, was er tun sollte. Als am Abend, wie schon mehrere Male in den vergangen Wochen, Fliegeralarm gegeben wurde, stellte sich Churchill auf seinen Balkon in seinem Wohnsitz und blickte Richtung Himmel. Er musste mitansehen, wie die deutschen Bomben zentnerweise ihre tödliche Fracht auf London warfen. In diesem Moment reckte er die Fäuste gen Himmel und schrie nach oben: „Unser Land wird durchhalten! Ich gebe nie, nie, nie, nie, ich gebe niemals auf!"

Freude

Das Grundgesetz des Lebens ist die Freude. Lebensfreude erhält Deine Gesundheit, steigert Deine Leistung, es ist ein Lebenselexier, das glücklich macht. Freude ist der Sinn Deines Lebens.

Wenn Du Dich viel in Deinem Leben freust, führst Du ein erfülltes Leben. Du fühlst Dich gesund, andere Menschen sind gerne mit Dir zusammen. Das Leben macht einfach mehr Spaß. Und Du selbst entscheidest mit Deiner Einstellung, ob Du das Leben mit Trübsal oder von der sonnigen, freudigen Seite sehen willst …

Von Freude kannst Du gar nie genug bekommen, so schön ist dieses Gefühl. Du hast verschiedene Möglichkeiten, Freude in Dein Leben zu bekommen.

Meine Quellen der Freude

Eine weitere Möglichkeit, Freude in Deinem Leben zu haben, ist, Dir immer wieder einmal schöne Momente, die Du mit anderen Personen erlebt hast, wieder ins Gedächtnis zu rufen. Das letzte interessante Gespräch, das Du mit einem guten Freund geführt hast. Ein schöner Moment in der Natur. Ein gemeinsames Essen mit einem guten Glas Wein. Ein schönes Kompliment …

WORK BOOK

Lerne zunächst, in möglichst vielen Situationen eine positive, lebensbejahende Haltung einzunehmen, dann ist Freude in Deinem Leben unausweichlich.

Noch mehr Freude kannst Du erhalten, wenn Du lernst, Dich an den kleinen Dingen des Lebens zu erfreuen. Eine schöne Wiese mit Blumen, Sonnenschein, eine Portion Schokoladeneis, das Lächeln einer Freundin, der Du einen Blumenstrauß mitgebracht hast, gemeinsames Singen am Lagerfeuer, bei Nacht in einem Baggersee schwimmen, ein gutes Buch lesen und einfach ein wenig Zeit für Dich selbst zu haben … Lerne diese Momente wertzuschätzen, und Du wirst viel Freude in Dein Leben bringen.

„Wenn Du an Dir selbst nicht Freude hast, die Welt wird Dir nicht Freude machen."

PAUL HEYSE

Glück

Das Lächeln eines Kindes zu sehen, es zu fördern und ihm dabei zuzusehen, wie es sich entwickelt und zu einer Persönlichkeit heranwächst, ist dies nicht eine wunderschöne Erfahrung?

Ein weiser Mann sagte einmal: „Ich werde Dir nicht raten, ob es in der heutigen Zeit besser ist, Kinder zu haben oder ohne Kinder zu leben. Aber wenn Du das Gefühl tiefster Liebe zu einem anderen Menschen spüren willst, dann habe Kinder. So erlebst Du die tiefe Zuneigung und Liebe zu einem Menschen, der einen Teil von Dir in sich trägt."

Du entscheidest für Dich selbst, wie wichtig Dir Deine Selbstverwirklichung, Karriere oder Familie ist. Jeder Mensch hat einen eigenen Weg, glücklich zu werden, den es zu respektieren gilt. Wenn Du eine Familie gründest oder Familie hast, dann erschaffst Du eine kleine Gemeinschaft, die sich liebt, die jedes Familienmitglied trotz seiner Fehler und Mängel im Innersten immer lieben wird. Ist es nicht schön, einen solchen vertrauten Kreis in Deinem Leben zu haben?

Hast Du eine Familie gegründet, dann kannst Du diese Zeilen lesen, um Dir wieder einmal bewusst zu werden, wie wunderschön es ist, mit Deinem Partner und Deinen Kindern zusammenleben zu dürfen. Wäre heute nicht ein guter Tag, um ihnen dies auch zu sagen? Ihnen mitzuteilen, dass Du sie liebst und, dass sie die wichtigsten Menschen in Deinem Leben sind? Wie wäre es mit einer Umarmung, einer „Kuschelstunde" oder einfach einem gemeinsamen Abendessen. Nutze den Tag, denn er kehrt niemals wieder zurück.

„Das Glück ist ein Mosaikbild, das aus lauter unscheinbaren kleinen Freuden zusammengesetzt ist."

DANIEL SPITZER

Lachen

KAPITEL III

Lachen lässt Dich strahlen. Glückshormone sprudeln durch Deinen Körper. Du kannst eine tiefe Verbindung zu jedem anderen Menschen bauen, selbst wenn Du seine Sprache nicht verstehst.

Über den lustigen gestrigen Abend, den Sketch oder den Kakaofleck auf dem Pulli. Lachen macht gesund. Wenn Du lachst, kannst Du nicht unglücklich sein. Und durch Dein offenes und herzliches Lachen wirkst Du auf andere Menschen sympathisch und anziehend. Lachen vertreibt negative Gedanken aus Deinem Leben. Es macht gesund und vital. Beim Lachen bewegen sich Deine Gesichts-, Bauch- und Zwerchfellmuskeln und die Sauerstoffzufuhr in Deinem Blut wird verbessert. Lachen lässt Dich entspannen und die Dinge gelassener sehen. Das steigert Deine Lebensqualität sofort.

„Lächelt einander an,
lächle Deine Frau an,
lächle Deinen Mann an,
lächle Deine Kinder an,
lächelt einander an.
Es kommt nicht darauf an,
wer es ist, und das wird helfen,
in größerer Liebe zueinander
persönlich zu wachsen."

MUTTER THERESA

Deshalb erlerne die Kunst, noch mehr Lachen in Dein Leben zu bringen. Wenn Du einmal zu kritisch und hart mit Dir ins Gericht gehen solltest, dann stelle Dir folgende Szene vor, die von dem amerikanischen Autor Spencer Johnson stammt: Über den Wolken schaut Gott augenzwinkernd auf Dich und Dein Leben, weil er manchmal über Deine Handlungen schmunzeln muss und weil er Dich mag. Und auf einmal fängt er an loszuprusten: „Kommt schnell her, ruft er seinen Engeln zu. „Was das Onkelchen da wieder anstellt, das müsst ihr gesehen haben! Zum Totlachen!"

Humor ist wie ein umgedrehtes Fernglas. Alle Probleme sehen aus dieser Perspektive viel kleiner aus. Nicht nur das sich, Dein Humor vergrößert, auch Dein Beliebtheitsgrad und Deine Erfolgschancen steigern sich, weil andere Menschen ein Umfeld lieben, in dem sie unbeschwert lachen und fröhlich sein können.

Mit dem Lachen kannst Du schon früh morgens beginnen. Wenn Du Dich nach dem Aufstehen im Spiegel betrachtest, schenke Deinem „Gegenüber" doch einfach ein breites Lächeln und Lachen: „Los geht's, heute wird ein guter Tag für mich!". Es wäre doch gelacht, wenn Du nicht noch mehr Lachen in Dein Leben bringen könntest. Also, los geht's ...

Friede
Glück
Partnerschaft
Harmonie
Weisheit
Wachstum
Freude
Liebe
Wohlstand
Erfüllung

„Lächeln
ist das Kleingeld des Glücks."

HEINZ RÜHMANN

Selbstbewusstsein

Jeder besitzt eine innere Stimme, die ständig zu uns spricht. Diese Stimme kannst Du wahrnehmen und vor allem verändern.

Willst Du noch mehr für Dich tun, dann beginne, auf Deinen inneren Dialog zu hören. Häufig ist diese innere Stimme verknüpft mit Bildern und Vorstellungen. Zunächst kannst Du Dich auf eine faszinierende Entdeckungsreise begeben und feststellen, in welchen Bereichen und Situationen Deines Lebens Dich Dein innerer Dialog positiv und motivierend unterstützt und in welchen Bereichen er Dich hemmt und einschränkt. Sobald Du einen ängstlichen Gedanken wahrnimmst, kannst Du diesen bewusst verändern. Ersetze jeden negativen Gedanken, den Du wahrnehmen kannst, durch einen konstruktiven. Somit wirst Du über kurz oder lang Deinen Glauben und Dein Vertrauen immens stärken, in Deinem Leben die Lebensziele zu erreichen, für die Du von Natur aus ausgestattet und geschaffen worden bist.

Als nächste Möglichkeit wird sich Dein Selbstvertrauen mit Sicherheit vergrößern, wenn Du in Zukunft noch mehr auf Dein äußeres Erscheinungsbild achtest. Es geht hierbei darum, Deine persönlichen Stärken durch ein gepflegtes Äußeres noch mehr zur Geltung zu bringen. Wenn Du bemerkst, wie andere Menschen Dich gerne anschauen, wenn Du Komplimente erhältst, dass Du Dich heute sehr gut aussehend gekleidet hast, verstärkt sich automatisch Dein Selbstvertrauen. Wie glaubst Du fühlst Du Dich, wenn eine nette Dame oder ein adrett gekleideter Herr Dir zuzwinkert, weil Du ihm wirklich gut gefällst. Das ist ein wunderbares Gefühl und somit erhöhte Lebensqualität.

ÜBUNG

Schreib' Dich frei

Willst Du Dein Leben positiv verändern? Dann tue Dir selbst einen Gefallen: Beginne heute, am Ende jedes Tages aufzuschreiben, was Dir gut gelungen ist. Nichts beeinflusst Deinen Lebenserfolg so schnell so drastisch und tiefgreifend wie diese Übung. Ist es Dir Dein eigenes erfolgreiches Leben wert, pro Tag 5 Minuten zu schreiben? Dann handle und verbessere durch diesen Tipp Deine Lebensqualität.

WORK BOOK

„Der Mensch ist zu vielem fähig,
wenn er sich viel zutraut."

ALEXANDER FREIHERR VON HUMBOLDT

Sag JA zu Dir und Deinem Leben

Eine Übung, die Dein Selbstvertrauen rasant erhöht, ist die „Spiegel-Übung". Kannst Du Dich im Spiegel betrachten und Dich selbst und Dein Leben aufrichtig bejahen, Deinem Spiegelbild ein breites Lachen schenken und ihm sagen: Ich mag Dich so wie Du bist. Du bist klasse! Du erreichst das, was Du Dir wünschst, da bin ich mir sicher!

Du erkennst, dass Du in Deiner Umwelt als Persönlichkeit wahrgenommen und geachtet wirst und dadurch steigt Dein persönlicher Glaube an Dich selbst. Versuche es einfach einmal aus und warte die Reaktionen ab, die Dir zu teil werden.

Kannst Du Dir vorstellen, welches positive, angenehme Gefühl Dich durchströmt, wenn Du Dich selbst richtig gerne hast? Am Anfang wird Dir die Situation vor dem Spiegel sonderbar und vielleicht albern vorkommen. Dennoch stimmst Du mit mir dahingehend überein, wenn Du Dich und Dein Leben nicht aufrichtig vor dem Spiegel bejahen magst, dass dann Dein Selbstvertrauen noch nicht vollkommen ausgeprägt ist? Wenn es Dir gelingt, dieses erste Gefühl des Ungewohnten vor dem Spiegel zu überwinden, dann wirst Du Dein Selbstvertrauen rasch in extremem Maße erhöhen …

Du besitzt das innere Potenzial und die Fähigkeiten, Deine Träume Wirklichkeit werden zu lassen. Denn Du hast großartige Anlagen. Entwickle sie, und Du stehst vor einer wunderbaren Zukunft. Das mag Dir heute noch völlig unwirklich erscheinen, aber glaube mir, Du wirst all das erreichen, was Du Dir für Dein Leben erhoffst! Eine wichtige Grundlage, um all das zu erhalten, was Du Dir wünschst, ist Selbstvertrauen. Mit keiner Arbeit kannst Du das Erreichen mehrerer Ziele gleichzeitig so positiv beeinflussen wie durch die Arbeit an Deinem wachsenden Selbstvertrauen. Je intensiver Du dieses Gefühl spürst, desto schneller und sicherer wirst Du Deine Ziele erreichen. Arbeite an Dir und Deinem Vertrauen in Dich selbst, und Dein Leben wird sich GARANTIERT sehr positiv verändern. Selbstvertrauen ist der tiefe und feste Glaube, dass Du durch Deine Fähigkeiten und durch Deine Person sicher die Dinge erreichst, die Du Dir wünschst.

Fast jeder Mensch kann sein Selbstvertrauen noch stärken. Es ist die Fähigkeit, voll und ganz zu Dir, zu Deinem Wert als Mensch und Deinen Fähigkeiten zu stehen. Denn wer von uns hat in seiner Kindheit immer nur Liebe geschenkt bekommen und ausschließlich Förderung? Sehr wenige. Das Selbstvertrauen zu stärken ist so wichtig, weil es alle Lebensbereiche eines Menschen sehr stark beeinflusst und über Erfolg oder Misserfolg entscheiden kann.

Ich akzeptiere mich
und mag mich,
so wie ich bin.

Zufriedenheit

Zufriedenheit zu erreichen ist eine Lebensaufgabe. Sie wird für viele Menschen erschwert durch die Vorgaben, nach denen die Mehrheit der Menschen in einer Gesellschaft leben.

Denn wenn viele Menschen nach einer gewissen Art und Weise leben, nimmt man leicht an, dass diese Weise auch am meisten Zufriedenheit mit sich bringt, was unter Umständen von der eigenen persönlichen Form der Zufriedenheit abweichen kann, ohne dass es rechtzeitig bemerkt wird.

Was macht Dich wirklich zufrieden? In welchen Momenten warst Du bisher zufrieden? Beim Gedanken an welche (vergangene oder zukünftige) Situation stellt sich bei Dir Zufriedenheit ein?

Wenn man das Wort aufspaltet, erhält man Zu – frieden – heit. Im Frieden mit sich selbst zu sein, kann Verschiedenes bedeuten: sich selbst für begangene Fehler zu verzeihen, innere Ruhe und Ausgeglichenheit zu verspüren, zufrieden zu sein mit den eigenen Ansprüchen, die man an sich selbst stellt, sich keine Vorwürfe zu machen oder schlechte Gewissensbisse zu verspüren.

„Zufrieden sein ist große Kunst,
zufrieden scheinen großer Dunst,
zufrieden werden großes Glück,
zufrieden bleiben, Meisterstück."

SPRUCH IM BERLINER RATHAUS

Zufriedenheit findet sich auch häufig im Zusammensein mit anderen Menschen, im Teilen von Erfahrungen und im Erleben von gemeinsamen Ereignissen, die zwei Menschen näher aneinander schmieden. Frieden, den man mit dem anderen hat, weil man nicht länger eine Maske des eigenen Verstellens tragen muss, hinter der man sein wahres Ich mit seinen Ängsten und Problemen versteckt, sondern stattdessen jemanden findet, dem man vertrauen kann und der einen so annimmt, wie man ist, als Mensch mit seinen Ecken und Kanten. Somit braucht man sich im Zusammensein mit dieser Person keine Vorwürfe zu machen und findet somit zu mehr „Harmonie und inneren Frieden".

„Wer bekommt was er mag, ist erfolgreich.
Wer mag, was er bekommt, ist glücklich."

ALEXANDER FREIHERR VON HUMBOLDT

Harmonie und Glück

KAPITEL III

Harmonie findest Du in der Gemeinschaft mit Deiner Familie, mit Freunden und Menschen, die Dir vertraut sind. Dieses Zusammengehörigkeitsgefühl, das Vertrauen zu den anderen ausdrückt und Dir die Möglichkeit gibt, so zu sein, wie Du bist, ohne Bloßstellung oder etwas Sonstiges zu befürchten.

Neben dieser äußeren Harmonie ist auch die innere Harmonie für einen Menschen wichtig. Harmonie, innere Stille und Ruhe zu erreichen, bedeutet wahres Glück. Sie zu erreichen ist oft mit vielen Mühen verbunden. Es ist das Gefühl, dass Du wirklich zu Dir selbst als Person stehen kannst, mit all Deinen Stärken und Schwächen, dass Du endlich für Dich selbst verstehen lernst, dass Du als Mensch wichtig bist. Sie bedeutet, sich selbst die Fehler der Vergangenheit verzeihen zu können und Chancen, die Du ungenutzt verstreichen hast lassen. Du verstehst und erkennst, dass alles Vergangene nun vorbei ist und es für Dein jetziges Leben viel wichtiger ist, innere Ruhe und Ausgeglichenheit zu finden, die aus der Liebe zu anderen Menschen, zu Dir selbst und anderen Menschen emporwachsen kann.

Um innere Harmonie zu finden, kannst Du sowohl äußerlich als auch innerlich positiv auf Dich einwirken. Zeit der Stille, der Ruhe, Zeit, über Dich nachzudenken oder aber durch Meditation die Stille der Gedanken zu suchen, sind Wege, wie Du äußerlich zu mehr Harmonie finden kannst. Atemübungen, Massagen und Entspannungstechniken können Dir diesen Weg erleichtern.

„Das Geheimnis des Glücks liegt nicht im Besitz sondern im Geben. Wer andere glücklich macht, wird glücklich."

ANDRÉ GIDE

Das Glück im Leben hängt von den guten Gedanken ab, die man hat.

Der innere Weg, zu mehr innerer Ruhe, ist wesentlich schwerer und verlangt Dir einige Bemühungen ab. Eine der schwierigsten Aufgaben, die Dir auf diesem Weg gestellt wird, ist, Deine eigene Realität, Deine Person mit den bisher begangenen Fehlern zu akzeptieren. Zu erkennen, dass Du trotz all Deiner Leistungen und Erfolge ein sterblicher Mensch bist, der nicht alles in seinem Leben richtig gemacht hat und macht. Dein Leben anzunehmen, dass Du auch in Zukunft trotz all Deiner Bemühungen so manches Hindernis und Problem wirst bewältigen müssen und dass ein Auf und Ab des Lebens unvermeidlich Teil dieser Welt ist.

Nimmst Du jedoch diese Mühen auf Dich, so wartet am Ende dieses Weges eine bisher unbekannte Tiefe an Glück, Harmonie, Zufriedenheit und Erfüllung auf Dich.

GLÜCK

„**Glück** ist gar nicht mal so selten,
Glück wird überall beschert,
Vieles kann als **Glück** uns gelten,
was das Leben uns so lehrt.

Glück ist jeder neue Morgen.
Glück ist eine bunte Blumenpracht,
Glück sind Tage ohne Sorgen,
Glück ist, wenn man fröhlich macht.

Glück ist eine stille Stunde,
Glück ist auch ein gutes Buch,
Glück ist Spaß in froher Runde,
Glück ist freundlicher Besuch.

Glück ist niemals ortsgebunden,
Glück kennt keine Jahreszeit,
Glück hat immer der gefunden,
der sich seines Lebens freut.

Glück ist Regen, wenn es heiß ist,
Glück ist Sonne nach dem Guss,
Glück ist, wenn ein Kind ein Eis isst,
Glück ist auch ein lieber Gruß.

Glück ist Wärme, wenn es kalt ist,
Glück ist weißer Meeresstrand,
Glück ist Ruhe, die im Wald ist,
Glück ist eines Freundes Hand."

CLEMENS BRENTANO

10 Tipps für ein glücklicheres Leben

1 Ich nehme mich so, wie ich bin. Ich mag mich so wie ich bin. Ich bin wertvoll.

2 Ich bin verantwortlich für mich. Ich bin (fast immer) die Ursache von dem, was passiert. Ich sehe in allem, was mir passiert, eine Herausforderung.

3 Ich ärgere mich nicht mehr über Kleinigkeiten. Alles, was mich nicht umbringt, sind Kleinigkeiten. Ich bin wertvoll.

4 Ich lebe in der Gegenwart. Nur sie kann ich wahrnehmen und beeinflussen. Es zählt nur das, was gerade passiert.

5 Ich habe Zeit. Ich nehme mir Zeit für das, was gerade wichtig ist.

10 Ich habe Mut, mich neuen Situationen und Herausforderungen zu stellen. Und: Ich genieße es.

9 Ich bin so glücklich, wie ich unbewusst beschlossen habe, glücklich zu sein.

8 Ich genieße jeden Augenblick meines Lebens – einfach alles, was mir über den Weg läuft.

7 Ich kann mich immer verändern – mehr, als ich je geglaubt habe.

6 Ich werde so behandelt, wie ich andere behandele und unbewusst behandelt werden möchte.

AUSZUG AUS „EINFACH MEHR VOM LEBEN" JÖRG LÖHR & ULRICH PRAMANN

Glück oder Unglück?

Ein alter Mann und sein Sohn bestellten gemeinsam ihren kleinen Hof. Sie hatten nur ein Pferd, das den Pflug zog. Eines Tages lief das Pferd fort. Wie schrecklich, sagten die Nachbarn, welch ein Unglück. Wer weiß, erwiderte der alte Bauer, ob Glück oder Unglück? Eine Woche später kehrte das Pferd aus den Bergen zurück, es brachte fünf wilde Pferde mit in den Stall. Wie wunderbar, sagten die Nachbarn, welch ein Glück. Glück oder Unglück? Wer weiss, sagte der Alte. Am nächsten Morgen wollte der Sohn eines der wilden Pferde zähmen. Er stürzte und brach sich ein Bein. Wie schrecklich, welch ein Unglück – Glück? Unglück? Die Soldaten kamen ins Dorf und holten alle jungen Männer in den Krieg. Den Sohn des Bauern konnten sie nicht brauchen, darum blieb er als einziger verschont. Glück? Unglück?

Liebe

> „Der Zauber der Liebe
> veredelt das, was
> durch sie berührt wird."
>
> FRANZ GRILLPARZER

Liebe ist ein allumfassendes Gefühl. Du bist scheinbar voller nie mehr endender Energie, Dein Herz pocht und Du fühlst Dich lebendig. Alles, was Du tust, geschieht letztendlich aus Liebe.

Wenn Du zehn Deiner Bekannten und Freunde fragst, was für sie Liebe ist, wirst Du zehn unterschiedliche Antworten erhalten. Liebe ist genauso wenig definierbar wie zum Beispiel Gott. Beides sind Gedanken, die wir außerhalb von uns selbst als Wert brauchen, nach denen wir streben, die uns einen Sinn geben.

Liebe ist sehr wandelbar. Liebe ist kein dauerhafter Zustand. Besonders in einer Liebesbeziehung heißt es, die Liebe immer wieder neu zu beleben. Du fragst Dich: „Wie gelingt es mir, die Liebe zu einem Menschen stetig am Leben zu erhalten?". Zur Liebe gehört vieles – Aufmerksamkeit, Fürsorge, das Schenken von Zeit, Gefühl und Verantwortung. Wenn Du einen Menschen wirklich liebst, dann zeige es ihm, durch Deine bedingungslose Liebe. „Ich liebe Dich so wie Du bist – mit allen Wenn und Abers!". Die Summe aus all dessen könnte man Liebe nennen. Doch eine Garantie gibt es nicht. Darum passe gut auf die Liebe auf und entdecke sie jeden Tag neu für Dich.

> „Liebe ist das Einzige
> was mehr wird,
> wenn wir es verschwenden."
>
> RICARDA HUCH

Loslassen

Die Fähigkeit, loslassen zu können, gehört zu den schwierigsten Aufgaben, die ein Mensch in seinem Leben meistern kann. Sei Dir bewusst, dass Du alles in Deinem Leben irgendwann zurücklassen musst, spätestens am Ende Deines Lebens.

Und um Dich weiterzuentwickeln, eine Wachstumsstufe höher zu klettern, musst Du erst vergangene Verhaltensweisen aufgeben, damit etwas Besseres nachkommen kann. Eine interessante Frage, um zu verstehen, wie schwierig es uns fallen kann, manchmal von Bestehendem loszulassen, ist die folgende: Was würdest Du tun, wenn Du keine Angst hättest?

Loszulassen bedeutet auch den Mut zu haben, sich in Ungewohntes, Neues und Unsicherheit zu begeben. Wenn sich z. B. Dein Partner von Dir getrennt hat und Du innerlich nicht von ihm loslassen kannst, wie soll jemals etwas Besseres in Dein Leben treten? In der Phase der Unsicherheit, die zwischen dem alten und dem neuen Zustand liegt, prüft das Leben, ob Du das Neue auch wirklich willst. Das ganze Leben besteht aus Veränderungen. Die Kunst besteht darin, sie anzunehmen und sich durch diese Veränderungen weiterzuentwickeln.

Du kannst Deine Fähigkeit, gewohnte Zustände loszulassen, verstärken, indem Du Dir den gewünschten neuen Endzustand bildlich vorstellst. Je häufiger Du Dir Dein Ziel vorstellst, desto stärker wirst Du daran glauben können, das Ziel zu erreichen. Mit dem Glauben hast Du die Grundlage, um die alte Gewohnheit loslassen zu können.

Wenn Du es schaffst, Deine Angst vor der Ungewissheit loszulassen, fühlst Du Dich befreit, weil Du die Verantwortung für Dein Leben wieder in die eigene Hand nimmst. Nicht die Angst, sondern Du selbst bestimmst Dein Leben.

„Denke immer daran,
das Leben geht weiter
und Du solltest mitgehen."

SPENCER JOHNSON

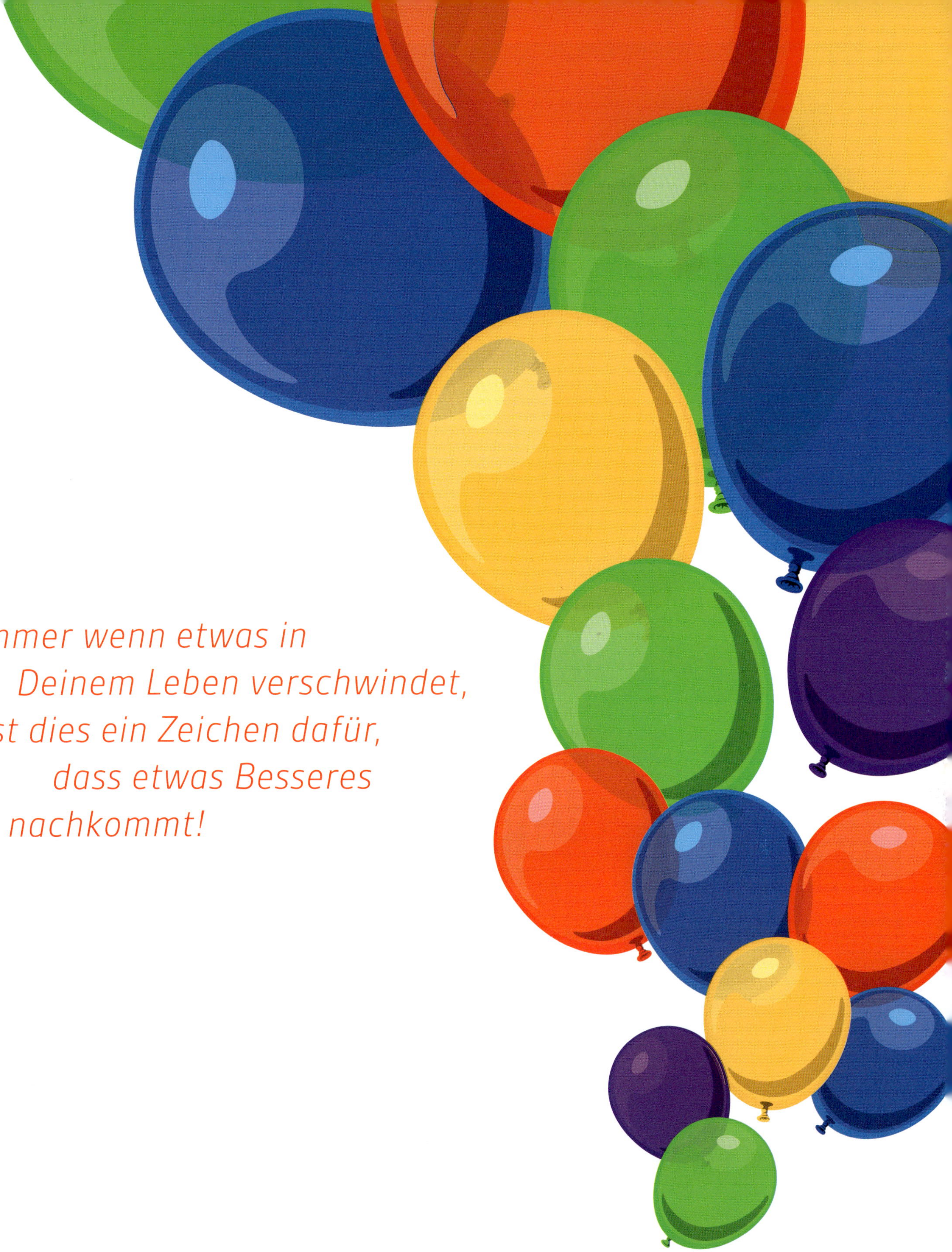

Immer wenn etwas in
Deinem Leben verschwindet,
ist dies ein Zeichen dafür,
dass etwas Besseres
nachkommt!

Denn nach dem Frühling
folgt der Sommer,
nach dem Sommer der Herbst,
und nach dem Herbst der Winter.
Die vier Jahreszeiten Frühling,
Sommer, Herbst und Winter.

Die Jahreszeiten zeigen uns:
Das Leben ist immer im Fluss,
und im Wandel.

Loslassen ist Leben.

Geduld

Geduld ist des
Tigers schärfster Zahn.

INDISCHES SPRICHWORT

KAPITEL III

Die Tugend der Geduld zu entwickeln, ist sehr wichtig für Deinen Erfolg, wenn Du Dich in einer Phase befindest, in der nicht alles nach Plan läuft.

Geduld und Ausdauer kannst Du in Dein Leben bringen, wenn Du tief und fest an Dich und Deinen Erfolg glaubst. Denn dann erkennst Du, dass die momentane Situation Dich nur eine weitere Lektion lehren will, bevor Du auf Deinem Erfolgsweg einen Schritt weitergehst. Eigne Dir die Fähigkeit der Geduld an, und Dich wird nichts mehr aufhalten können …

Habe Geduld,
das Gras wächst nicht schneller,
indem man daran zieht.

AUTOR AUS AFRIKA

Mut

Dein eigenes Leben zu leben, erfordert von Dir sehr viel Mut. Manchmal wirst Du Dinge tun müssen, die mit Risiko behaftet sind. Manche Leute werden Dich ungerechtfertigt kritisieren und nicht auf Deinem Weg unterstützen.

Um es anderen Menschen recht zu machen, geben zahlreiche Menschen ihre Träume und Wünsche auf. Gehörst Du zu den wenigen, die es schaffen, ihr Leben lang den Weg ihrer Wünsche weiterzugehen?

Wieso all den Schmerz, den Hohn und Spott auf sich nehmen, wenn Du Dich entschließt, einen Jugendtraum zu verwirklichen? Es lohnt sich, weil Du zeitlebens sicher bist, dass Du nicht irgendein Leben, sondern wahrhaftig Dein Leben lebst. Sei mutig, den vorgefertigten Masken und Rollen zu entschlüpfen und danach zu streben, was Dich in Deinem Leben glücklich macht.

Am Ende steht für Dich wirkliche Erfüllung und tiefe Zufriedenheit, wenn Du bestrebt bist, diesen Weg auch mit Schlangenlinien immer wieder zu verfolgen. Ob Du das Endziel erreicht hast oder nicht, spielt eine untergeordnete Rolle, weil Du Dein Leben lang mutig vorwärtsgegangen bist. Du hast Dich entwickelt, um Deinem Ziel Schritt für Schritt näher zu kommen.

Mut wird deshalb von vielen so bewundert, weil nur wenige ihn besitzen. Besitzt Du den Mut, Dein Leben zu leben?

„Nicht, weil die Dinge
unerreichbar sind,
wagen wir sie nicht,
weil wir sie nicht wagen,
bleiben sie unerreichbar."

LUCIUS ANNAEUS SENECA

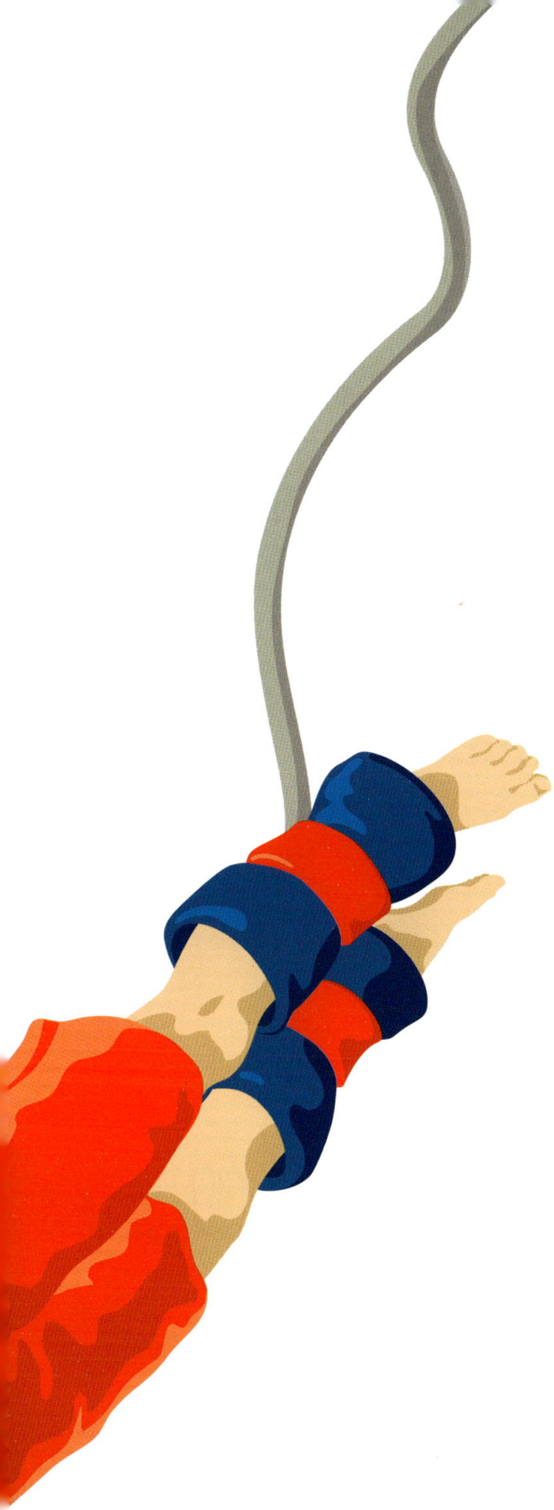

MUT BEFREIT!

„Habe den Mut,
einen gemachten Fehler einzugestehen.
Das gibt Dir Charakterstärke.

Habe den Mut, Dich für Deinen
verletzenden Gedanken, Worte und
Handlungen zu entschuldigen. Das zeigt
Deine menschliche Größe.

Habe den Mut und übernehme die volle
Verantwortung für alles, was Du tust.
Das macht Dich unabhängig und
frei von anderen.

Habe den Mut, Unbekanntes zu wagen.
Das macht Dich zum Entdecker und
Eroberer neuer Lebensgebiete.

Habe den Mut, in Deinen Gefühlen
verletzt zu werden. Das macht Dich
verzeihend und vergebend.

Habe den Mut, vermeintliche Sicher-
heiten aufzuheben. Das macht Dich
frei in Deinem Denken und Handeln.

Habe den Mut, Neues zu lernen.
Das macht Dich wissend und weise.

Habe den Mut, Dich für andere
Menschen zu öffnen. Das macht Dich
unermesslich reich und gütig.

Habe den Mut zu lieben. Das macht
Dich liebevoll und glücklich."

ANTON ORETO

Wenn **Columbus**

immer den selben Seeweg gefahren wäre, hätte er nie Amerika entdeckt.

Entscheidungsfreude

KAPITEL III

Alle erfolgreichen Menschen denken und handeln entschieden. Eine Entscheidung treffen zu können, ist eine seltene Fähigkeit, die nur wenige Menschen besitzen. Sie beinhaltet, eigene Verantwortung zu übernehmen, mit Selbstsicherheit zu sich und zu seiner Entscheidung zu stehen und Risiko einzugehen.

Fehlende Entscheidungsfreude kommt von Angst, nicht gut genug zu sein oder etwas zu verlieren. Sie zeigt mangelndes Vertrauen an. Bedenke jedoch stets: Du weißt, dass das Leben ein Prozess ständiger Veränderung und des Wachsens ist. Wenn Du eine Entscheidung triffst und danach immer offen für Feedback bist, kannst Du nur gewinnen. Selbst wenn das Resultat nicht Deinen Wünschen entsprechen sollte, so hast Du doch zumindest Klarheit darüber, dass Du diesen einen Weg in Zukunft nicht weiterzuverfolgen brauchst.

Lieber un-perfekt begonnen als perfekt gezögert

Je optimistischer Du an Deinen neuen Versuch gehst, desto mehr positive Energie wird Dir bei Deiner neuen Entscheidung zur Verfügung stehen. Getreu dem Motto: „Handle so, als gäbe es kein Scheitern, und es wird kein Scheitern geben." (Dorothea Brande)

Also, los geht's – just do it!

Jetzt kannst Du somit Deine Energie noch besser bündeln und konzentrieren auf die Wege, die Dich an Dein Ziel bringen werden. Allein Deine Bereitschaft, nun von neuem aktiv zu werden, anstatt Dinge unnötig aufzuschieben, wird Dir neue Kräfte verleihen.

„Es ist besser unvollkommene Entscheidungen zu treffen, als ständig nach vollkommenen Entscheidungen zu suchen, die es niemals geben wird."

CHARLES DE GAULLE

„Ewiges Zögern lässt nie etwas zustande kommen."

DEMOKRIT

Entscheidungen treffen

Ein sehr erfolgreicher Geschäftsmann wurde von einem jungen Mann einmal gefragt, was das Geheimnis seines Erfolges sei. „Richtige Entscheidungen!“, antwortete dieser. Der junge Mann ließ nicht locker und sagte: „Ja, aber wie trifft man denn richtige Entscheidungen?“ „Erfahrung.“, antwortete der erfolgreiche Geschäftsmann. „Und wie gewinnt man Erfahrung?“ Da lächelte der Geschäftsmann und sagte: „Durch falsche Entscheidungen.“

Veränderungen

*„Verbessern heißt verändern.
Perfekt sein heißt demnach,
sich oft verändert zu haben."*

WINSTON CHURCHILL

KAPITEL III

Menschen und Situationen verändern sich. Manchmal schneller als Du denkst. Auf der einen Seite ist dies für Dich sehr schwierig, weil wir uns alle Sicherheit wünschen (mit Partner, Freunden, Job, Umfeld, Lebensstandard etc.).

Wenn sich manchmal Dinge ändern, „obwohl" Du dies gar nicht willst, vermittelt Dir dies ein Gefühl der Machtlosigkeit. Auf der anderen Seite könntest Du Dich ohne Veränderungen niemals weiterentwickeln, niemals Probleme lösen und Dein Leben positiv verändern …

Was bedeuten Veränderungen für Dich? Beantworte Dir selbst ehrlich die folgenden Fragen: Bist Du vollkommen mit Deinem Leben zufrieden? Vollkommen zufrieden mit Deinem Beruf und Deiner Beziehung? In 90 % der Fälle lautet die Antwort: „Na ja, man könnte schon noch etwas verbessern." Du siehst also, Du hast in vielen Bereichen sogar ein persönliches Interesse an Veränderung. Um mit Veränderungen konstruktiv und sinnvoll in Deinem Leben umgehen zu können, ist es hilfreich, wenn Du lernst, Menschen und Situationen „loszulassen".

Nichts gehört Dir dauerhaft und kann Dir jederzeit genommen werden, ob es jetzt Dein Auto, ein Haus oder eine Freundschaft ist. Auch am Ende Deines Lebens musst Du alles loslassen. Immer, wenn etwas aus Deinem Leben verschwindet, ist dies ein Zeichen dafür, dass etwas Besseres nachkommt. Kann Dir das Leben etwas Neues oder Besseres geben, wenn Du noch am Alten festhältst? Wie soll dies funktionieren? Je eher Du loslässt und die Veränderung annimmst, desto eher findest Du etwas Neues.

Was würdest Du tun, wenn Du keine Angst hättest? Beschäftige Dich mit Deiner Angst und versuche sie zu überwinden. Erst dann fühlst Du Dich frei zu handeln. Nicht die Situation lässt Dich abwarten, sondern nur Deine Angst vor ihr. Wenn Du nicht handelst, dann kann sich nichts positiv für Dich verändern …

*„Findet eine dressierte Maus
im Labyrinth fünf Mal keinen Käse,
geht sie einen anderen Weg.
Ein Mensch kann zwanzig und mehr
Jahre auf Käse warten? Du auch?"*

ARTHUR LASSEN

DANKE
...und werde glücklich!

KAPITEL IV

Tiefen & Schatten-seiten des Lebens – Was bremst uns? Was wirft uns zurück?

Rezepte für die Seele!

Hass

KAPITEL IV

Hass ist eines der negativsten Gefühle, das Du verspüren kannst. Es vergiftet Dich und Deinen Charakter, genauso wie Deinen Körper. Es lässt Deine Gesichtszüge hart und verbittert werden.

Vielleicht verletzt Du in Deinem blinden Hass durch Dein Tun oder Deine Aussagen andere Menschen, was Du später dann sehr bereuen wirst. Dieses Gefühl programmiert Dein Leben auf Unglück, Unzufriedenheit und Erfolgslosigkeit.

Wenn Du hasst, verbrauchst Du einen großen Teil zerstörerischer Energie, die Dir selbst schadet. Einen Teil der Energie, die Du somit nicht mehr auf positive Gefühle wie Lebensfreude und Lachen in Deinem Leben verwenden kannst. Dieses Gefühl macht Dich unattraktiv und häufig wirst Du durch Deinen Hass krank.

Wenn Dich ein anderer Mensch verletzt hat oder Dir weh getan hat, solltest Du versuchen, von ihm loszulassen. Denn je mehr negative Gefühle Du ihm gegenüber empfindest, desto mehr negative Gefühle kommen in Deinem Leben auf Dich zurück. Erkenne, dass Du durch Dein Hass-Gefühl die Situation nicht veränderst und Dich im Gegenteil noch verstärkt mit negativen Gefühlen auflädst. Durchbreche diesen Teufelskreis, indem Du Dir sagst: „Du hast mir einigen Kummer und Schmerzen in meinem Leben bereitet. Das hat mir weh getan und ich habe gleichzeitig daraus gelernt. Ich lasse Dich jetzt gedanklich los, damit Du NIE mehr Macht über mein Leben hast. Hoffentlich lernst Du in der Zukunft aus Deinen Fehlern. Ich werde auf alle Fälle Dir gegenüber keine negativen Gefühle mehr haben, die mein Leben nur unnötig unglücklich machen. Ich lasse Dich jetzt innerlich los. Somit hast Du keinerlei Macht mehr über mein Leben."

Wer viel hasst,
trägt viel Last.

DEUTSCHES SPRICHWORT

Selbstmitleid

Mit Selbstmitleid gibst Du die Verantwortung für Dein Leben in die Hand anderer. Du gibst anderen Macht – Macht über Dich und Dein Leben.

Selbstmitleid ist ein absolut zerstörerisches Gefühl. Es nimmt Dir jeglichen Optimismus, raubt Dir Deine Kräfte und lässt Dich in eine große Trauer und Trägheit fallen, die nicht das Geringste an Deiner Situation verändert. Lasse niemals dauerhaft Selbstmitleid Macht über Dich ergreifen, denn sonst bist Du handlungsunfähig, und gibst die Verantwortung für Dein eigenes kostbares Leben in die Hände anderer oder des Zufalls.

Wenn wir von einem geliebten Menschen verlassen werden, fühlt sicherlich jeder eine tiefe Niedergeschlagenheit, das Leben scheint stillzustehen und keinen Sinn mehr zu machen. Gerade in einer solch schwierigen Situation erkennst Du Deine innere und persönliche Reife, und inwieweit Du schon die Verantwortung für Dein Leben zu jeder Zeit in der Hand hältst.

Nicht aufgeben!

Mache Dir klar, dass Du zwei Möglichkeiten besitzt: Entweder Du bleibst liegen, nachdem Du hingefallen bist und verbringst den Rest Deines Lebens in Trübsal auf dem Boden. Oder aber Du raffst Dich nach einer Zeit der Trauer wieder auf und sagst: So leicht gebe ich nicht auf! So leicht lasse ich mir nicht die Zügel für mein Leben aus der Hand nehmen! Ich stehe wieder auf und es geht weiter. Von so etwas lasse ich mich nicht unterkriegen!

Hast Du Dir schon einmal in einer solchen Situation überlegt: Gibt es vielleicht auch positive Seiten daran? Hätte es nicht auch schlimmer kommen können? Wird das Leben auch mit diesem Zwischenfall weitergehen? Wie viel wird von der momentanen Aufregung in zehn Jahren noch übrig sein?

„Man sollte mehr handeln, weniger überlegen und sich nicht selbst beim Leben zuschauen."

SÉBASTIEN ROCH DE CHAMFORT

„Wer sich dem Selbstmitleid ergibt, kann auch nur von dieser Seite Sympathie erwarten."

BENJAMIN FRANKLIN

Eifersucht

„Denn eine glückliche Partnerschaft besteht aus drei Leben: eins für ihn eins für sie und eins gemeinsam.“

JAQUELINE BISSET

Eifersucht ist eine Ausdrucksform von fehlendem Selbstbewusstsein. Man hat Angst, den Partner zu verlieren oder ihn mit anderen Menschen teilen zu müssen und klammert sich deswegen an ihn.

Dieses Einschränken führt über kurz oder lang dazu, dass der Partner seine eigene Freiheit vermisst und sich abwendet. Vertraue Deinem Partner und gönne ihm seine Freiheit, er wird Dir dafür sehr dankbar sein.

Es ist wichtig zu erkennen, dass in einer Partnerschaft ein „glückliches Wir“ nur dann geschaffen wird, wenn beide Partner eigene starke Persönlichkeiten sind. Eine Partnerschaft besteht aus drei Leben: dem eigenen Leben des Mannes, dem eigenen Leben der Frau und dem gemeinsamen Leben in der Partnerschaft. Quintessenz: eine erfolgreiche Partnerschaft besteht immer aus einem gemeinsamen Wir, was jedoch ohne eigenständige „Ich's“ nicht funktionieren kann.

Jeder Mensch braucht seine Freiräume auch außerhalb der Partnerschaft, um vielleicht einem Hobby nachzugehen oder sich im Beruf seiner eigenen, persönlichen Selbstverwirklichung zu widmen. Dies ist ein wichtiger Teil, damit der Partner persönlich wachsen und sich entwickeln kann. Wird ihm dieser Freiraum genommen, kann er sich nicht mehr wie gewünscht entwickeln und wird darüber sehr enttäuscht sein. Dies führt zu Frustration mit und in der Beziehung. Unglücklichsein in einer Partnerschaft ist der erste Grund, eine Beziehung zu beenden.

Gönne Deinem Partner Freiheiten. Unterstützte ihn bei seiner Selbstverwirklichung, lobe ihn und zeige ihm, dass Du seine Freiräume respektierst, weil Du ihn liebst. Dein Partner wird sehr glücklich sein, mit Dir eine Beziehung führen zu dürfen ...

„Die Eifersucht ist eine Leidenschaft, die mit Eifer sucht, was Leiden schafft.“

FRIEDRICH DANIEL ERNST SCHLEIERMACHER

Neid

Neid ist eine sehr negative Empfindung. Du gönnst anderen ihren Erfolg nicht und redest stattdessen schlecht über sie. Neid ist eine erstklassige Saat für den eigenen Misserfolg.

Neid sorgt dafür, dass sich kein Erfolg einstellt und somit das Gegenteil von dem eintritt, was Du willst! Neid ist eine Ausdrucksform mangelnder Selbstsicherheit. Es fehlt Dir vielleicht manchmal am Glauben daran, dass Du selbst glücklich sein und die Erfolge im Leben erreichen kannst, die Du Dir wünschst. Je häufiger und stärker Du Neid empfindest, desto mehr verstärkt sich auch das Gefühl in Deinem Unterbewusstsein, dass Du den Erfolg womöglich gar nicht willst, weil Du ja bei anderen schlecht über den Erfolg redest. Somit verringerst Du die Chancen drastisch, Deinem eigenen Glück auch nur einen Schritt näher zu kommen.

Sei niemals neidisch. Gönne anderen ihren Erfolg im Überfluss. So bringst Du Dich in ein Bewusstsein, welches Dein eigenes Reichwerden an Glück, Zufriedenheit und Besitz unterstützt, weil Du Wohlstand innerlich beständig mit einem positiven Gefühl verbindest.

Neid sieht nur das Blumenbeet,
nie den Spaten.

CHINESISCHES SPRICHWORT

Neid lässt Dich auf andere Menschen sehr unattraktiv wirken. Nicht nur, dass Du mit griesgrämigem Gesicht ankommst, Du sprichst auch noch schlecht über andere Menschen. Und Menschen merken sich so etwas. Wirkst Du vertrauenswürdig, wenn Du schlecht über andere sprichst?

Versuche, Neid ab sofort so gut es geht aus Deinem Leben herauszuhalten. Statt mit Neid auf das Leben anderer zu schauen, konzentriere Dich auf Dein Leben und arbeite daran! Tue etwas, um Deinem eigenen Glück sichtbar näher zu kommen.

„Wenn Du Dich nicht über den
Erfolg von anderen freuen kannst,
kann der **Erfolg**
nicht zu Dir kommen.“

FRIEDRICH DANIEL ERNST SCHLEIERMACHER

Probleme und Hindernisse

Anstatt Wut, Zorn und Enttäuschung aufgrund der Hindernisse, die in Deinem Leben herrschen, zu fühlen, kannst Du Dich einer konstruktiveren Sichtweise bedienen.

Stelle Dir vor, dass all die Hindernisse und Probleme, die Du momentan in Deinem Leben antriffst, Teil einer Ausbildung des Lebens sind, um Dich darauf vorzubereiten, in Zukunft eine Stufe höher in Deiner persönlichen Entwicklung zu steigen. Wenn Du keine Hindernisse in Deinem Leben hättest, wie könntest Du dann jemals lernen und Dich weiterentwickeln? Wie könntest Du überhaupt persönlich wachsen?

Probleme, und noch mehr Deine Reaktion darauf, zeigen Dir, wer Du wirklich bist und aus welchem Holz Du geschnitzt bist. Ob Du aufgibst oder ob Du beschließt, in Deinem Leben weiterzumachen, was auch immer für Widrigkeiten in Deinem Leben auftreten mögen. Denn dann kann Dich nichts mehr davon abhalten, die Größe zu erreichen, für die Du geschaffen worden bist. Somit erkennst Du Probleme als wertvolle Hinweise, welche Richtung Du in Deinem Leben einschlagen kannst bzw. an welchen Stellen, Du noch Potenzial für persönliches Wachstum besitzt.

Das Leben gibt Dir auch immer genau die Umstände und Probleme, die Du bewältigen kannst.

„Auch aus Steinen, die Dir in den Weg gelegt werden, kannst Du etwas Schönes bauen."

ERICH KÄSTNER

Angst

Stoße die Tür auf,
vor der Du Dich am meisten fürchtest.
Das Ende Deiner Angst ist sicher.

Häufig sind die Gedanken und Ängste, die Du Dir machst, viel schlimmer als die Situation selbst. Angst ist das Gefühl, welches Dich am stärksten vom Glücklichsein trennt.

Es lähmt Dich in Deiner persönlichen Entwicklung und hindert Dich daran, das Leben zu leben, welches Du Dir wünschst. Angst ist das Gefühl, dass Du etwas nicht schaffen kannst, dass Du von etwas bedroht bist. Häufig führt es zu Krankheiten und körperlichen Beschwerden.

Es gibt viele verschiedene Ängste: Angst vor Verlust, vorm Alleinsein, vor Kritik und anerzogene Ängste („Tu das nicht, Du kannst das nicht"). Angst ist eines der schwierigsten Gefühle, weil es Dich wie eine festgetretene Bremse daran hindert, Dich als Person zu entwickeln. Mit ihr wird es Dir nicht gelingen, Dein eigenes angeborenes Potenzial frei zu entfalten. Es ist die Abwesenheit von eigener Sicherheit.

Bitte werde Dir bewusst, dass häufig Deine ängstliche Vorstellung einer Situation viel schlimmer und monströser ist als die Gefahr der Situation selbst. Wusstest Du, dass nur ca. 20 % der gedachten Ängste im Leben Wirklichkeit werden? Wieso also den restlichen 80 % so viel Aufmerksamkeit und Energie schenken? Ängste machen Dich auf Deine Grenzen aufmerksam. Und somit wird die Angst auch für Dich zum Wegweiser, denn sie zeigt Dir auf, in welchen Bereichen Du noch Entwicklungspotenzial besitzt.

Angst als Herausforderung

Bewältigst Du die Situationen, die Dir am meisten Sorgen und Ängste bereiten, gewinnst Du an Sicherheit und Vertrauen in Dich selbst. Sehe die Angst als Herausforderung. Sie kannst Du überwinden lernen und Dich dadurch weiter entwickeln. Was würdest Du tun, wenn Du keine Angst hättest?

Zorn

Zorn ist ein sehr destruktives Gefühl. Es löscht jegliches positives Empfinden in Dir und Deinem Körper. Häufig wendest Du zornige Gefühle auf für Dinge, die Du ohnehin nicht ändern kannst.

Und um die Wirkung noch so schlimmer zu machen, macht dieses Gefühl erfolglos, unglücklich und unter Umständen sogar krank. Auch zeigt es Dir auf, dass Du noch nicht genug Ausdauer besitzt, um eine Situation, die nicht Deinen Vorstellungen entspricht, schadlos zu überstehen.

Um mit Zorn konstruktiv umzugehen, kannst Du Dich fragen: Will ich dieses negative Gefühl von Zorn jetzt in meinem Leben haben? Will ich diesem Gefühl, das mich unglücklich macht, Macht über mein momentanes Leben geben? Denn Du allein hast die Wahl und die Verantwortung, ob Du mit einer Situation positiv oder destruktiv umgehen willst.

Wenn Du dennoch ein Ventil brauchst, um einmal so richtig Dampf abzulassen, dann gehe laufen in die Natur. Renne, bis Du nicht mehr kannst. Fahre Fahrrad oder gehe schwimmen bis zur Erschöpfung. Und wenn Du in der Natur bist und Lust hast, Dir einmal Deinen ganzen Frust von der Seele zu schreien, dann tue es einfach! Danach fühlst Du Dich vielleicht sehr erschöpft und wahrscheinlich viel besser.

Lasse nicht zu, dass Dich Zorn unglücklich macht! Gib die Macht für Dein Leben nicht aus der Hand!

Wenn Du etwas verändern willst,
was man nicht ändern kann,
dann ändere Deine Einstellung dazu.

„Wer nicht Herr seines Zornes ist,
wird auch nicht Herr
seines Verstandes sein.“

ABU'ABD-ALLAH DSCHAFAR IBN MUHAMMED AS-SADIQ

KAPITEL IV

„Es sind nicht die Dinge selbst,
die uns beunruhigen, sondern die

Vorstellung

von den Dingen.“

EPIKTET

Ärger

Wer kennt dieses Gefühl nicht? Wenn dieser „Hirni" vor uns plötzlich abbremst, wenn der Ober das falsche Essen bringt, wenn wir bei dem Treffen wieder einmal versetzt wurden ...

Dann spielen wir allzu gerne HB-Männchen. Regen wir uns auf, denken wir, dass wir unseren Zorn abgeladen haben und es uns nun besser geht, aber haben wir in diesem Moment wirklich eine erhöhte Lebensqualität? Willst Du lernen, wie Du in diesen Situationen Deine innere Ruhe bewahrst? Dann erlerne die Kunst der Gelassenheit ...

Wie kannst Du lernen, mit Ärger noch besser umzugehen? Denke bitte über Folgendes nach: Dein Unterbewusstsein kennt keine Unterscheidung zwischen „ich, Du, er, ihr oder sie"? Ob Du Dich über Dich selbst oder eine andere Person aufregst, für Dein Unterbewusstsein ist es das gleiche, nämlich ein negatives Gefühl in Dir. Somit fällt jeglicher Ärger, ob über Dich selbst oder über eine andere Person, auf Dich selbst zurück. Willst du Dir das wirklich ein Leben lang antun? Du bist selbst dafür verantwortlich, dass es Dir gut geht.

Wenige Menschen beherrschen die Kunst der Gelassenheit. Zerbrechen Sie zum Beispiel eine teure Schale, dann bleiben sie ruhig, weil sie wissen, dass die Schale ohnehin kaputt ist, ob sie sich jetzt darüber aufregen oder nicht. Sie beseitigen die Scherben und nehmen sich beim nächsten Mal vor, noch achtsamer mit den Dingen umzugehen. Das ist alles ...

Wie lange wärst Du mit einem Menschen befreundet, der sich ein Leben lang über Dich ärgert? Noch dazu, wenn Du weißt, dass dies eigentlich Dein bester Freund sein sollte? Nämlich DU SELBST?!

Wer sich ärgert,
verbrennt oft an einem Tag das Holz,
das er in vielen Jahren gesammelt hat.

Konflikt

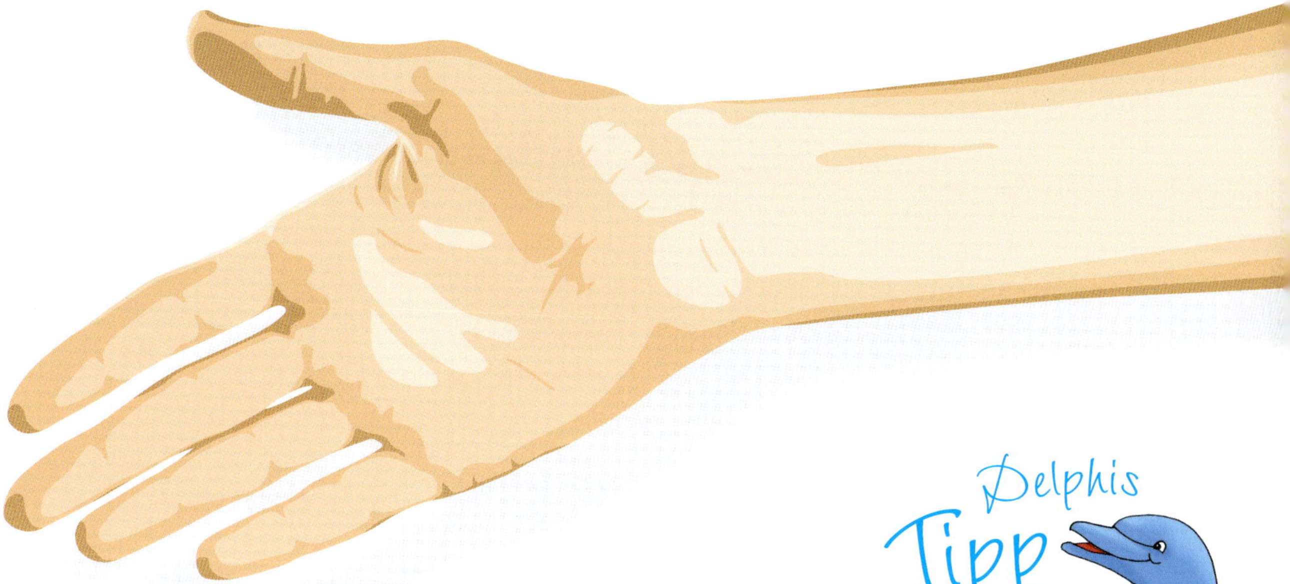

Die meisten Konflikte entstehen aufgrund mangelnder Kommunikation. Konflikte, die hier betrachtet werden, beziehen sich vor allem auf die Probleme, die zwischen zwei Menschen auftreten können.

Ein Konflikt tritt immer dann zutage, wenn sich einer der beiden Gesprächspartner nicht verstanden oder respektiert fühlt. Er glaubt, dass seine eigene Meinung richtig und wichtig ist, doch wenn sich sein Gesprächspartner nicht darauf einlassen will, gibt ihm das das Gefühl, dass er und seine Meinung für den anderen von keiner Bedeutung sind.

Eine der wichtigsten Fähigkeiten, die es in einer gelungen Kommunikation zu entwickeln gilt, ist, Dein wirkliches Interesse am anderen. Sei offen für die Meinungen, Sichtweisen und Überzeugungen eines anderen Menschen. Sie bereichern die Facetten Deines Lebens und helfen Dir dabei, einen noch umfassenderen Blickwinkel zu einer Situation zu bekommen. Wenn Du wirklich am anderen interessiert bist, so wird sich nur schwer ein Konflikt aufbauen können, da Du ihm das grundlegende Gefühl gibst, dass Du seine Meinung wertschätzt.

Delphis Tipp

Aktives Zuhören

Alle Menschen haben es gern, dass man ihnen zuhört und deswegen reagieren sie fast immer positiv auf die Personen, die ihnen wirklich aktiv zuhören. Nutze diese Erkenntnis für Dich und übe Dich im aktiven Zuhören!

Wenn es trotz aller Umstände zu einem Konflikt gekommen ist oder kommt, kannst Du diesen am effektivsten mit Deinem Gesprächspartner lösen, in dem Du mit ihm offen darüber sprichst, was Dich stört, welche Vorstellungen Du hast und was Du nicht verstehst. Wie alles, was wichtig ist und Dich weiterbringt, erfordert Deine Offenheit, ein solches Gespräch zu führen, sicherlich einigen Mut und Überwindung. Doch diese Überwindung zahlt sich für Dich dann um ein Vielfaches aus.

WORK BOOK

Genauso wichtig erscheint mir die Fähigkeit, wirklich Zuhören zu lernen. Dies ist die stärkste Form des Kompliments für einen Gesprächspartner, weil Du auf ihn eingehst. Diese Eigenschaft hilft Dir dabei, viel Neues zu erfahren und zu lernen. Anderen zuzuhören, ist der beste Weg, etwas zu lernen. Aktives Zuhören erfordert Konzentration und eine wirkliche Beteiligung, auch wenn Du als Zuhörer schweigst, indem Du Deinem Gegenüber durch Deine Körpersprache wie z. B. ein Nicken signalisiert, dass Dich das Gesagte interessiert.

Kritik

Manche Menschen verschließen sich jeglicher Art von Kritik. Wenn Kritik konstruktiv vorgetragen wird, ist sie für Dich eine erstklassige Quelle, um Anregungen zu erhalten, in welchen Bereichen Deiner Persönlichkeit Du Deine Entwicklung noch voranbringen kannst.

Wenn Dir jemand direkt mitteilt, wie Deine Handlungen auf ihn wirken, kannst Du viel einfacher und schneller verstehen lernen, welches Bild die Umwelt von Dir hat und ob es das Bild ist, welches Du selbst von Dir hast.

Somit hast Du eine gute Möglichkeit, das Bild, welches Deine Mitmenschen von Dir haben, mit dem Bild, welches Du Dir selbst machst, zu vergleichen. Wenn beide in Einklang stehen, ist Zufriedenheit sehr wahrscheinlich.

Richtig kritisieren

Wenn Du selbst eine andere Person kritisieren möchtest, wird sie dies eher annehmen, wenn Du auf folgende Dinge achtest:

- Bringe immer zum Ausdruck, dass Du eine Handlung und nicht die Person selbst als Persönlichkeit kritisierst.
- Zeige der Person vor Deiner Kritik, dass Du sie unter normalen Umständen akzeptierst und wertschätzt. Das vergrößert die Bereitschaft, sich Deine Kritik anzuhören. Z. B.: „Lieber Markus, ich möchte, dass Du weißt, dass ich Dich als Freund sehr mag und ich Dich als Person wertschätze. Damit unsere Freundschaft noch besser funktioniert, würde ich mir von Dir wünschen, dass Du mir in Zukunft weniger häufig ins Wort fällst. Ich fühle mich dadurch als Person nicht wertgeschätzt und das tut weh. Es würde mich freuen, wenn Du darauf in Zukunft mehr achtest, weil ich Dich wirklich gerne habe und als Person sehr schätze."

Wie hoch steht die Chance, dass sich Markus zu mindestens diesen Hinweis anhören wird und sich nicht durch einen Vorwurf verschließt?

WORK BOOK

Auch erlebst Du weniger Missverständnisse. Somit kannst Du konstruktive Kritik als Möglichkeit ansehen, Dich noch mehr als Persönlichkeit zu entwickeln. Um sie annehmen zu können, musst Du jedoch ein sehr stark ausgeprägtes Selbstbewusstsein besitzen.

Kritik ist eine exzellente Möglichkeit, durch Feedback von anderen persönlich zu wachsen.

Allgemeingültige Wirklichkeit

Es gibt keine Realität, die für alle gleich ist. Du und Deine Mitmenschen nehmen die Wirklichkeit unterschiedlich wahr.

Beispiel: Du hast für Deinen Partner gekocht. Er jedoch hat sich verspätet. Jetzt kannst Du diese Situation auf mehrere Arten wahrnehmen. Vielleicht ärgerst Du Dich, weil er Dir Deiner Meinung nach schon wieder zeigt, dass ihm die Arbeit wichtiger ist als die Zeit mit Dir. Oder Du machst Dir Sorgen, ob er einen Unfall hatte. Vielleicht bist Du jedoch auch davon überzeugt, dass er so schnell wie möglich die Arbeit verlassen hat, um überhaupt noch mit Dir zu Abend zu essen. Welche Version entspricht jetzt der Wirklichkeit? Die Antwort – alle ...

Wenn Du diese Wahrheit verstanden hast, wird sie Dein Leben nachhaltig verbessern. Du bist toleranter, weil Du erkennst, dass andere eine Handlung oder Meinung vielleicht anders aufnehmen als Du. Anstatt Dich wie früher darüber zu ärgern, kannst Du mit ihnen sprechen und ihre Sichtweise verstehen lernen. Du machst Dein Leben spannender, weil Du auf Entdeckungsreise gehst. Du erkennst, wie unterschiedlich ein und die gleiche Sache wahrgenommen werden kann.

„Deine Wirklichkeit ist die Wahrnehmung dieser Welt durch das Raster Deiner Denkmuster."

ARTHUR LASSEN

Think positive!

Je mehr positive Dinge Du in Deinem Leben erkennst, desto mehr freudige und glückliche Gefühle hast Du. Dies bedeutet, dass Du als Mensch selbst entscheiden kannst, wie Du eine Situation wahrnehmen willst. Je häufiger Du eine positive und konstruktive Anschauungsweise wählst, desto mehr erhöhst Du Deine Lebensqualität und die Freude in Deinem Leben. Und jetzt los! Nutze diese Wahrheit in Deinem Leben ...

Dein ehrliches Erforschen anderer Wahrnehmungen führt zu mehr Verständnis zwischen den Menschen, mit denen Du Dich umgibst. Du erkennst, dass Du mit diesem geschaffenen Verständnis auch die Grundlage für Harmonie in Deiner Umgebung legst. Auch erkennst Du, dass es im Leben mindestens genauso viele positive wie negative Dinge gibt. Bei einer Lebenseinstellung, die Dich wachsen lässt, versuchst Du, genau diese positive Hälfte zu betrachten und mehr und mehr bei allem, was Dich beschäftigt, zu sehen.

„Bei gleicher Umgebung lebt doch jeder in einer anderen Welt."

ARTHUR SCHOPENHAUER

Enttäuschungen und Erwartungen

Wenn Du Dir etwas wünschst bzw. etwas von jemandem oder einer Situation erwartest, dann bist Du enttäuscht, wenn Du es nicht erhältst bzw. es passiert. Du bist frustriert.

Erwartest Du etwas, dann ist die Enttäuschung schon größer. Forderst Du etwas und Deine Forderung wird nicht erfüllt, dann wirst Du ärgerlich oder gar wütend und fühlst Dich angegriffen. Je mehr Erwartungen oder Forderungen Du an andere oder das Leben hast, umso mehr läufst Du Gefahr, Dich als Opfer der Umstände oder anderer Menschen zu sehen. Was Erwartungen und Forderungen von Wünschen unterscheidet, ist die Einstellung, dass Du auch ohne deren Erfüllung weiterleben kannst.

Am besten kannst Du Dein seelisches Gleichgewicht erhalten, wenn Du jede Erwartung oder Forderung in einen Wunsch verwandelst: „Ich würde mich freuen, wenn …", „Es wäre schön, wenn …", „Ich wünsche mir, dass … passiert". Bleibt der Wunsch unerfüllt, bleibt lediglich der Gedanke zurück: „Schade, dass es nicht geklappt hat. Wäre schön gewesen".

„Fordere viel von Dir selbst und erwarte wenig von anderen. So bleibt Dir mancher Ärger erspart."

KONFUZIUS

Wenn andere schlecht über Dich sprechen, suche das Gespräch

Hier eine Anregung:

„Hallo……………, schön, dass ich jetzt die Gelegenheit habe, mit Ihnen/Dir unter vier Augen zu sprechen. Ich möchte, dass Du weißt, dass mich Dein Verhalten in Bezug auf……………sehr stört und es mich ärgert, wenn Du mir mit so wenig Respekt entgegentrittst. Bitte teile mir mit, was ich verändern kann, damit Du besser mit mir zurechtkommst und es uns beiden hier mehr Spaß macht."

Es tut sehr weh, wenn andere Menschen schlecht über Dich sprechen. Und manche reden bewusst schlecht, weil sie glauben, daraus einen eigenen Vorteil für sich ziehen zu können. Das wirkt auf Dich häufig ungerecht und ist schwer zu ertragen. Die beste Methode, aktiv gegen „Mobbing" vorzugehen, ist die Person zur Rede zur stellen, zunächst stelle die Grenzen klar, die Dir wichtig sind und die der andere nicht übertreten darf. Es gibt hierbei sicherlich einige besonders schwierige Fälle, die spezielle Handlungen erfordern. Manchmal kann vielleicht aber auch schon ein Gespräch auf folgende Art und Weise hilfreich sein: Dafür benötigst Du Selbstvertrauen, um der Person „Auge um Auge" klarzustellen, wie Du Dich fühlst.

„Wenn ich nichts persönlich nehme oder erwarte, wo habe ich dann noch ein Problem?"

LAOTSE

Was die Leute sagen

WEIT WEG VON DEN MENSCHEN lebte ein Vater mit seinem Sohn. Als der Sohn größer wurde, hatte er einen Wunsch. „Ich möchte mich in der Welt umsehen und hören, was andere Menschen so meinen", sprach er zu seinem Vater. Dieser schüttelte den Kopf. „Wünsch Dir das nicht, mein Sohn, jeder sagt nämlich etwas anderes. Was Du auch tust, nie kannst Du es allen recht machen". „Das glaube ich nicht", der Bube gab nicht eher Ruhe, bis sich der Vater mit ihm aufmachte. So zogen sie in die Welt hinaus.

Der Vater schritt voran, sein Sohn ging neben ihm und am Halfter trabte der Esel. So begegnete ihnen ein Bauer, der sprach: „Warum lasst ihr den Esel müßig gehen? Er kann doch einen von Euch tragen." Da rief der Sohn: „Der Mann hat recht! Vater, steig auf!" Gesagt, getan. Der Vater setzte sich auf den Esel, und der Sohn lief nebenher, bis sie auf zwei Wanderer trafen. Einer der Wanderburschen, stieß seinen Kumpel in die Rippen und sagte: „Es ist eine Unverschämtheit, dass der Vater reitet und den Jungen zu Fuß gehen lässt." Sie schüttelten den Kopf und zogen ihres Weges. Vater und Sohn schauten sich an und tauschten die Rollen. Der Sohn ritt auf dem Esel voraus, und der alte Mann lief zu Fuß hinterher. Bald trafen sie eine Frau, die im Wald Holz gesammelt hatte. Sie schimpfte: „Es ist eine Schande, dass der Vater zu Fuß geht, während das feine Söhnchen reitet." Kopfschüttelnd zog sie weiter. Der Sohn schämte sich und meinte zu seinem Vater: „Die Frau hat recht. Setz Dich zu mir auf den Esel, Vater."

Gemeinsam ritten sie weiter, bis ihnen die Kutsche eines feinen Herrn entgegenkam. Sie plauderten über Handel und Wandel miteinander. Beim Abschied sprach der vornehme Herr: „Der treue Esel wird bald eingehen, wenn er die schwere Last von zwei Personen weiterhin schleppen muss." So beschlossen sie, das Tier gemeinsam zu tragen. Sie banden ihm ein breites Leinen band um seinen Leib, steckten eine Stange hindurch und hoben sich jeder ein Ende davon auf die Schulter. Ein paar Stunden hatten sie den Esel geschleppt, als sie an ein Wirtshaus kamen. Davor saßen fröhliche Leute. Einer schrie: „Seht die Dummköpfe dort! Die Tragen ihren Esel, anstatt auf ihm zu reiten!" Alle lachten. Wenn die beiden schon nicht reiten wollen, warum führen sie den Esel denn nicht am Halfter hinter sich her? „Warum tun wir nicht, was die Leute sagen?" fragte der Sohn. „Weil wir so von zu Hause losgezogen sind", antwortete der Vater „Um es allen recht zu machen, bin ich geritten, bist Du und sind wir beide geritten. Wir haben den Esel sogar getragen."

„Kann man es denn keinem Menschen recht machen?", fragte der Junge. „Nein, das kann man nicht, mein Sohn, wie Du ja selbst gesehen hast", sprach der weise Vater. Beide waren froh und glücklich, als sie abends wieder in ihrer Hütte saßen.

Negative Äußerungen

Bist Du gerne mit Menschen zusammen, die über andere lästern und schlecht reden? Über andere schlecht zu reden bedeutet, den anderen ihren Erfolg, ihr Aussehen etc. nicht zu gönnen.

Wer lästert, ist neidisch und fühlt sich selbst nicht wert, auch Erfolg zu haben. Negativ über andere Menschen zu reden, ist der Todfeind Deines eigenen Glücks. Wieviel Selbstwertgefühl hat ein Mensch, der versucht, seine Mitmenschen vor seinen Gesprächspartnern schlecht zu machen? Wie fühlt es sich innerlich an, Leute anzuprangern und sie bewusst schlecht darzustellen? Bist Du während eines solchen Gesprächs eher von positiven oder schlechten Gefühlen erfüllt? Dein Unterbewusstsein kann nicht unterscheiden zwischen „Ich, Du, Wir" – es wird nur von inneren Bildern und Gefühlen beeinflusst. Wie programmierst Du Dein Unbewusstes, wenn Du schlecht über andere redest? Innerlich speicherst Du das Gefühl: „Ich bin es nicht wert, genauso Erfolg zu haben wie Frau XY." Oder „Ich will gar keinen Erfolg."

Du kannst Dich jetzt sofort verändern. Sprich niemals schlecht über andere Menschen. Wenn andere schlecht reden, dann schweige. Je positiver Du über andere Menschen sprichst, desto stärker wird Dein eigenes Selbstwertgefühl. Dein Bewusstsein ist voll von positiven Gefühlen, Du wächst mit den Erfolgen der anderen. So wird Dein eigener Erfolg unvermeidbar – und zwar spürbar …

DIE DREI SIEBE DES SOKRATES

LIEBE, WAHRHEIT UND NUTZEN?

„Ist das, was Du über den anderen sagst, von Liebe getragen?

Ist das, was Du dem anderen sagst, der Wahrheit entsprechend?

Ist das, was Du über den anderen sagst, für mich und für Sich von nutzen?

Wenn dem nicht so ist, dann will ich es nicht wissen!"

SOKRATES

Schicksal und Polaritäten

Das Positive gewinnt an Wert durch die Beachtung des Gegenstücks.

Erinnere Dich an die Weisheit Oetingers: „Lieber Gott, bitte gib mir die Gelassenheit, die Dinge hinzunehmen, die ich nicht ändern kann. Verleihe mir den Mut, die Dinge zu ändern, die ich ändern kann, und schenke mir die Weisheit, das eine vom anderen noch besser unterscheiden zu können."

Manchmal ist es schwierig, die positiven Seiten des Lebens zu sehen. Das Leben erscheint Dir ungerecht. Wenn der Arbeitskollege die Beförderung bekommt, obwohl Du vielleicht länger im Unternehmen bist oder mehr Qualifikationen besitzt, wenn mehrere Tausend Arbeitsplätze in einem Unternehmen gestrichen werden und gleichzeitig der Aktienkurs der Großaktionäre zunimmt. Wo ist da der Sinn, wo ist die Gerechtigkeit?

Unsere Welt besteht aus Gegensätzen. Es gibt Erfolge und Niederlagen, ehrliche und unehrliche Menschen, Gerechtigkeit und Ungerechtigkeit. Dies ist ein Grundgesetz des Lebens. Wenn andere Menschen dich ungerecht behandeln, so sprich mit Ihnen darüber und teile Ihnen mit, wie Du Dich fühlst. Die einzige Möglichkeit, die Du besitzt, mit Ungerechtigkeit umzugehen, ist, selbst Gerechtigkeit vorzuleben. Nur so kannst Du durch Dein Vorbild die Menschen in Deiner näheren Umgebung beeinflussen und somit mehr Gerechtigkeit in Dein Leben bringen. Wer zurückschlägt, wenn er ungerecht behandelt wird, bringt sich in einen Teufelskreislauf, in dem es nur Verlierer gibt.

Erinnere Dich immer daran, dass Du für Dein Leben verantwortlich bist. Entweder Du änderst die Situation oder Deine Einstellung dazu.

Ohne Unglück ... ... kein Glück

Ohne Tal ... ... kein Berg

Ohne Tod ... ... kein Leben

Ohne Nacht ... ... kein Tag

Ohne Regen ... ... keine Sonne

Tod und Trauer

„Der Tod ist der Höhepunkt des Lebens."

ELISABETH KÜBLER-ROSS

KAPITEL IV

Der Tod – vielleicht die größte Angst von uns Menschen, liegt vor diesem letzten Teil unseres Lebens. Wieso haben wir Angst vor dem Tod? Wir wollen diese Welt nicht verlassen, mit all den Menschen, die uns wichtig sind.

Vielleicht haben wir Angst, dass wir vergessen werden oder dass unser Leben keine wirkliche Bedeutung oder Spuren hinterlassen hat. Deswegen wollen viele von uns möglichst lange „bleiben", um eigene Fußspuren zu hinterlassen und weil das Leben auch einfach so schön ist.

Wir haben noch so viele Pläne geschmiedet, was wir alles noch unternehmen wollen. Vielleicht haben wir auch Angst vor der Ungewissheit. Was mag wohl kommen nach dem Leben? Ist alles vorbei oder gibt es etwa doch ein Leben nach dem Tod? Doch wer sich einmal näher mit dem Tod befasst hat, der lernt das Erhabene an dieser menschlichen Erfahrung kennen. Wer einmal einen Sterbenden in seinen letzten Stunden begleitet hat, der kennt diese große Sanftheit, die Entspannung und Erlösung, die dem Sterbenden bei seinem Tod zuteil wird. Die erfahrene und weise Sterbeforscherin und Ärztin Elisabeth Kübler-Ross hat das Phänomen Tod untersucht. Menschen, die schon klinisch tot waren und wieder ins Leben getreten sind, schilderten ihre Erfahrungen wie z. B. das Heraustreten aus dem eigenen Körper, ein Tunnel mit einem wunderschönen Licht am anderen Ende, ein Film des eigenen Lebens, der unendlich schnell an der Person vorbeizieht.

Fast alle Personen beschreiben diese Erfahrung als eine der wunderschönsten, die sie je erlebt haben. Danach leben sie ihr Leben sehr viel bewusster, intensiver und sie haben jegliche Angst vor dem Sterben verloren. Somit verändert diese Todeserfahrung die Lebensqualität der Menschen positiv. Auch Buddhisten hingegen nutzen den Tod als wertvollen Gegenstand des Lebens, um jederzeit ihr Leben so bewusst wie möglich zu leben.

Sie stellen sich einen roten Vogel auf der linken Schulter vor, der sie den ganzen Tag begleitet und sie in mehreren Abständen fragt: „Bist Du jetzt, in diesem Moment, bereit zu sterben?" „Lebst Du jetzt im Moment so, wie Du leben würdest, wenn heute Dein letzter Tag wäre?" Probiere diese Vorstellung einmal aus. Sie wird Dich mit dazu befähigen, Dein Leben noch intensiver zu erleben.

Ohne den Tod wäre das Leben nicht möglich.

DANKE

...und werde glücklich!

Säulen für mehr Lebenszufriedenheit

KAPITEL V

Rezepte für die Seele!

Zeit

KAPITEL V

Zeit ist Dein kostbarstes Gut: Sie kannst Du weder kaufen noch ansparen, weder aufheben noch eintauschen, sie verrinnt stetig und unwiederbringlich also nutze sie weise.

Lerne das Geheimnis der Zeit: Weisheit bedeutet, mit Zeit sowohl großzügig zu sein als auch ein genaues Auge auf Deine Zeit werfen zu können. Lerne dieses Geheimnis und wende es an, denn sonst ist es meistens zu spät. Wenn Du magst, kannst Du Deine Zeit wie eine kostbare blaue Flüssigkeit in einem Gefäß betrachten: Du bestimmst, bei welchen Dingen und Tätigkeiten Du mit dieser Flüssigkeit sparsam sein willst, und bei welchen Dingen Du mit Deiner Zeit nur so um Dich wirfst und sie mit beiden Händen ausgibst.

Sei klug und verwende Deine Zeit auf Tätigkeiten, die Dich erfüllen und Dich zufrieden machen: Wieder einmal ein tiefgründiges Gespräch mit einem Freund zu führen, mit der Familie und den Kindern Zeit zu verbringen, Essen zu gehen oder einen schönen Abend vor dem Kamin zu verbringen. Einem anderen Menschen zu sagen, dass Du ihn magst und dass er Dir wichtig ist.

„Liebst Du das Leben,
dann verschwende keine Zeit,
denn daraus ist das Leben gemacht."

BENJAMIN FRANKLIN

Lebe Deine Zeit weise!

Wenn Du erkennen willst, wie Du persönlich Deine Zeit weise verbringst, so überlege Dir einmal, wie Du einen Tag auf dieser Erde verbringen würdest, wenn Deine Lebenszeit nur noch sehr begrenzt wäre. Und dann lebe heute so, wie Du es Dir eben vorgestellt hast, dann lebst Du weise.

WORK BOOK

Gegenwart

Eine der wichtigsten Lektionen des Lebens ist es, das Glück nicht ständig in der Zukunft zu erwarten und es auf die lange Bank zu schieben, sondern im „Jetzt" zu leben und zu versuchen, einen schönen Augenblick an den anderen zu reihen. Das ist wahre Lebenskunst.

Getreu dem Motto „Carpe Diem – nutze den Tag!" Dir selbst bewusst zu sein, dass Du nur in dem jetzigen Moment Dein Glück leben kannst. Deine momentane Lebenseinstellung entscheidet nicht nur über Deine Zufriedenheit in der Gegenwart, sie ist auch dank Deiner positiven Gedanken das Saatkorn für Lebensfreude, Lachen und das Leben in Deiner Zukunft.

Wenn es Dir gelingt, jeden Moment Deines Lebens auszukosten und ihn dankbar anzunehmen, hast Du die Kunst des Glücklichseins gelernt.

Alles was zählt, ist der jetzige Moment, Deine Handlungen, Deine Gedanken, Deine Entscheidungen. Im Jetzt legst Du den Grundstein über Deine eigene Lebensqualität. Du kannst die Zukunft nicht voraussehen. Wieso also nicht im Jetzt alles dafür tun, um glücklich zu sein? Wieso nicht jetzt versuchen, liebevoll mit Dir selbst umzugehen? Wieso nicht jetzt anderen Menschen sagen, wie sehr Du sie magst und wie viel sie Dir bedeuten? Wieso nicht jetzt Zeit für die Gefühle und Aktivitäten verwenden, welche Dir wirklich wichtig sind? Wenn nicht jetzt, wann dann? Also, worauf wartest Du?

„Die wichtigste Stunde in unserem Leben ist immer der gegenwärtige Augenblick, der bedeutsamste Mensch ist immer der, der uns gerade gegenübersteht."

LEO TOLSTOI

Vergangenheit

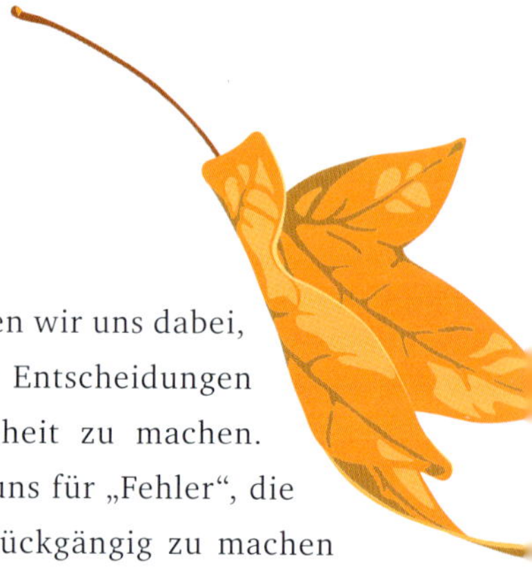

Alles, was in der Vergangenheit liegt, ist ein und für alle mal vorbei. Sie ist vergangen und liegt hinter uns. Deswegen sollten wir uns nicht mit Fehlern der Vergangenheit mehr als notwendig beschäftigen, denn warum solltest Du Energie und Zeit auf etwas lenken, was ohnehin unabänderlich für immer vergangen ist?

Die Vergangenheit kannst Du dazu nutzen, Dich an Situationen und Menschen zu erinnern, die Dir Kraft geben. Denke z. B. an bisherige Erfolge zurück, denn diese stärken Deinen Glauben, dass Du auch in der Zukunft Deine Ziele erreichen wirst. Nutze das Zurückliegende als Kraftquelle, um durch Gedanken Deine momentane Situation mit noch mehr Glauben, Kraft und Zuversicht aufzutanken. Denn dafür ist Deine persönliche Vergangenheit da. Genauso kannst Du die Vergangenheit nutzen, um aus bisher gemachten Erfahrungen zu lernen und für Dich Rückschlüsse zu ziehen, was Du in der Zukunft noch verbessern kannst, um Deine Ziele noch besser zu erreichen.

Somit wird die Vergangenheit für Dich auch zu einem Lehrbuch, in dem die einzelnen Ausbildungseinheiten Deines Lebens niedergeschrieben sind. Wenn Du durch sie lernst, bist Du glänzend gerüstet für Deine verheißungsvolle Zukunft, die Du dank Deiner persönlichen Anlagen und Fähigkeiten leben wirst.

„Auf die Dinge, die nicht mehr zu ändern sind, muss auch kein Blick mehr fallen – was getan ist, ist getan und bleibt."

WILLIAM SHAKESPEARE

Manchmal ertappen wir uns dabei, uns Vorwürfe für Entscheidungen in der Vergangenheit zu machen. Wir beschimpfen uns für „Fehler", die jetzt nicht mehr rückgängig zu machen sind. Du allein besitzt die volle Verantwortungskraft über Deine Gedanken. Lass Dich nicht länger von Vergangenem an Deiner Entwicklung hindern. Betrachte jede Entscheidung, die Du in der Vergangenheit gemacht hast, als wertvoll für Deine Entwicklung. Handle klug und weise und lerne die Lektion aus jeder Erfahrung, die Du machst. So wird jede negative wie positive Erfahrung Dich bei Deinem persönlichen Wachstum weiterbringen ... Manchmal machst Du „Fehler", um Deinen eigenen Weg noch präziser und genauer zu erkennen. Wäre das Leben nicht öde und langweilig, wenn Du alles immer sofort erhieltest und gar nichts dafür tun müsstest?

Das Leben ist wie ein Training, welches Dich bei Deinem persönlichen Wachstum trainiert. Betrachte Dich als einen Hochleistungssportler (wie z. B. einen Schwimmer), der täglich seine Trainingseinheiten

Erfahrung ist lernen aus Fehlern.

absolviert. Da sind angenehme Trainingseinheiten und anstrengende, bei denen man bis an seine Grenzen gehen muss. Manche sind sehr kraftzehrend, manche sehr lang andauernd. Manche sind angenehm und Du kannst die Resultate genießen. Deine trainierten inneren Muskeln, die verfeinerte Wahrnehmung, alles funktioniert reibungsloser. Jede bewältigte Einheit trainiert Dich und macht Dich stärker. Jeder Tag des Trainings trägt Dich zu Deinem Ziel hin. Und Du öffnest Dich immer mehr der Freude und der Schönheit in Deinem Leben. Freust Du Dich schon auf die nächste Trainingseinheit in Deinem Leben

„Erfahrungen sind die Samenkörner, aus denen die Klugheit empowächst." Was bedeutet dieser Satz von Konrad Adenauer für Dein Leben? Er bedeutet, dass die Erfahrungen, die Du in der Vergangenheit gemacht hast, nicht automatisch die Erfahrungen sein werden, die Du in der Zukunft machst. Ansonsten wäre niemals Veränderung möglich. Wenn Du in der Vergangenheit eine Enttäuschung erlebt hast, bedingt dies nicht automatisch, dass Du auch in Zukunft eine Enttäuschung erleben wirst.

Konzentriere Dich auf die Gegenwart!

Nutze Deine Energie vielmehr dazu, Dich auf die Gegenwart zu konzentrieren, denn Deine jetzigen Gedanken und Entscheidungen sind die Bausteine Deiner erfüllten Zukunft.

Erkennst und verwendest Du die Wahrheit dieses Satzes schon in Deinem Leben? Normalerweise verwendest Du Erfahrungen (positiv oder negativ) aus der Vergangenheit, um einen Anhaltspunkt zu haben, welche Erfahrungen Du mit Deinem Handeln in der Zukunft machen wirst. Sind diese Erfahrungen nun negativ, glaubst oder befürchtest Du vielleicht, dass Du auch in Zukunft die gleichen Erfahrungen machen wirst.

Fällt Dir auf, dass es sich bei Deiner Meinung über die Zukunft IMMER um Glauben handelt? Denn Du kannst niemals wissen, wie die Zukunft wirklich sein wird. Angenommen, Du bist Dir sicher, dass Du auch die nächste Prüfung sehr gut schaffst, ist dies auch nichts weiter als ein Glaube! Du hast die freie Wahl, was Du glauben willst, verstehst Du das? Wenn Du die Wahl hast, dann wähle die positive Möglichkeit! Somit kannst Du die Wahrscheinlichkeit, in Zukunft noch mehr Positives in Dein Leben zu bringen, drastisch erhöhen. Denn was Du tief und fest glaubst, wird in Dein Leben treten.

Zukunft

Wenngleich Du Deine Zukunft nicht vorhersehen kannst, so kannst Du sie doch formen durch Deine Gedanken, durch positive innere Bilder, in denen Du Dich jetzt schon als der Mensch fühlst, der Du sein willst.

Je mehr positive Gefühle Du jetzt in der Gegenwart empfindest, desto stärker wirst Du Deine Zukunft nach dem Gesetz von Ursache und Wirkung positiv beeinflussen.

Daher hilft es Dir, wenn Du Dir genau Gedanken darüber machst, welche Zukunft Du Dir vorstellst, welche Lebensumstände, welchen Lebensstandard, mit welchen Menschen Du zusammen sein möchtest und wie Glück und Liebe in Deinem Leben Gestalt annehmen. Denn nur wenn Du ein kristallklares Bild Deiner Vision vor Augen hast, kann Dich Dein Unterbewusstsein dabei unterstützen, nach Deinen persönlichen Sternen zu greifen.

Gestalte Deine Zukunft selbst!

Wenn Du über die Zukunft nachdenkst, dann nur in positiven, aufbauenden Bildern und Gedanken. So engagierst Du Dich für die Ziele Deines Lebens, welche die Bausteine Deiner Zukunft sind.

Los geht's! Sage ja zu dem Abenteuer, das man „das Leben" nennt!

Wisse genau, welche Ziele Du hast, formuliere sie klar und deutlich und schreibe sie schriftlich auf (dies wirkt wie ein immenser Verstärker für Dein Unterbewusstsein). Ansonsten tausche Sorgen über die Zukunft, also Umstände, die momentan noch nicht absehbar sind, ein, gegen das Glück des Augenblicks. Nichts ist so wichtig wie die Fähigkeit, in der Gegenwart glücklich zu sein. Wenn Du diesen Rat befolgst, ergibt sich der Rest wie von selbst.

*Der reiche Mann denkt an die Zukunft,
der arme Mann an die Gegenwart.*

CHINESISCHES SPRICHWORT

Work-Life-Balance

Wie viele Menschen leiden tagtäglich unter Stress, der Schnelllebigkeit unserer Zeit, permanenter Wandel und Zwang zur Flexibilität belasten uns bis an die Grenzen, und dazu kommt noch die Allgegenwärtigkeit der Medien.

Wenn Du lernst, eine neue Einstellung zum Stress zu gewinnen, wird sich der allgegenwärtige Stress verringern. Je mehr Du darüber hinaus versuchst, in Ruhe einmal abzuschalten, zu entspannen oder zu meditieren, desto stärker wirst Du Dich erneut ausgeglichen fühlen.

Das eigentliche Problem ist nicht der Stress an sich, sondern die Art und Weise, wie wir damit umgehen. Für uns alle hat ein Tag nur 24 Stunden. Alle von uns haben Zeitknappheit, schwierige Aufgaben und fordernde Mitarbeiter in unserem Alltag. Jedem von uns können hupende Verkehrsteilnehmer oder sonstiger Lärm auf die Nerven gehen. Doch jeder reagiert auf eine solche Situation unterschiedlich. Während der eine über diese „Gehetzten" lächelt und froh ist, selbst nicht so in Eile sein zu müssen, flucht der andere und will es dem Hupenden möglichst zurückzahlen.

Es ist also immer die gleiche Situation und nur die Reaktionen sind unterschiedlich. Welche Reaktion wählst Du? Neben Deiner Einstellung sind vor allem Lachen, Ruhe und Meditation gegen Stress besonders wirksam.

„Der Schlüssel zum Erfolg liegt in der qualitativen Zeit-Balance zwischen allen vier Lebensbereichen Arbeit, Körper, Beziehungen und Lebenssinn."

LOTHAR SEIWERT

Innere Kraftquellen: 5 Schritte fü

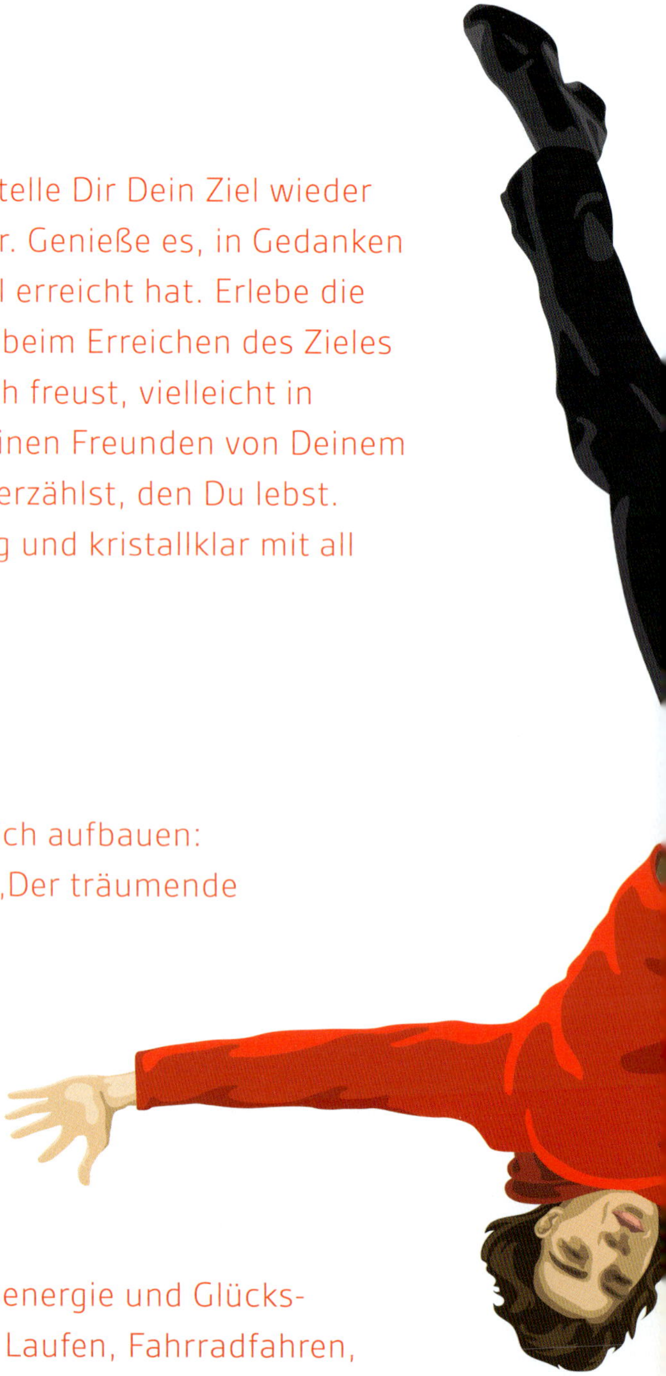

1

Nimm Dir ein wenig Zeit und stelle Dir Dein Ziel wieder einmal in allen Einzelheiten vor. Genieße es, in Gedanken schon der zu sein, der sein Ziel erreicht hat. Erlebe die inneren Glücksgefühle, die Du beim Erreichen des Zieles haben wirst. Wie Du tanzt, Dich freust, vielleicht in Deinem neuen Auto fährst, Deinen Freunden von Deinem großartigen erreichten Traum erzählst, den Du lebst. Stell Dir den Traum so lebendig und kristallklar mit all seinen Facetten vor.

2

Lies Bücher, die Dir Kraft geben und Dich aufbauen: „Die Möwe Jonathan", „Der Alchimist", „Der träumende Delphin".

3

Mache Sport! Neue Lebensenergie und Glückshormone erhältst Du beim Laufen, Fahrradfahren, Schwimmen oder anderen Sportarten!

mehr Energie im Leben

5

Nutze die Kraft Deines Unterbewusstseins, indem Du die Zielvorstellung so oft wie möglich vor Deinem inneren Auge siehst. Je klarer Dein Unbewusstes Deine Zielvorstellungen kennt, desto mehr unterstützt es Dich bei der Verwirklichung.

4

Übe Dich in Deinem Glauben an Dein Ziel und in dem Wissen, dass nach jedem Tief im Leben auch wieder ein Hoch folgt. Der absolute Glaube, dass Du Dein Ziel erreichst, gibt Dir die Kraft, auch die momentane Situation zu meistern!

Zeit

ist das begrenzte Mittel …

Nimm dir Zeit zum Denken,
dies ist die Quelle der Kraft.
Nimm Dir Zeit für die Arbeit,
sie ist der Preis Deines Erfolges.

Nimm Dir Zeit für die Liebe,
sie ist der wahre Reichtum Deines Lebens.

Nimm Dir Zeit zum Spielen,
dies ist die Freude der Jugend.

Nimm Dir Zeit, um mit Freunden
zusammen zu sein und ihnen zu helfen,
dies ist die Quelle des Glücks.

Nimm Dir Zeit zu träumen,
dies bringt Dich den Sternen näher.

Nimm Dir Zeit zum Lachen,
dies ist die Musik der Seele.

Nimm Dir Zeit zum Gebet,
sie bringt Dir Gott näher
und wäscht den Staub der Erde
von Deinen Augen.

Gesundheit

KAPITEL V

Gesundheit bedeutet, sich frei zu fühlen, sich frei bewegen zu können und sich in seinem eigenen Körper wohl zu fühlen. Kennst Du das Gefühl, wenn Du fit bist, Du Dich in Deinem ganzen Körper wohlfühlst und Du glaubst, Du könntest Bäume ausreißen?

Kennst Du diese Leichtigkeit, mit der Du dann durchs Leben gehst? Dieses gute Gefühl, mit Power und Energie in den Tag zu starten. Es ist schön, sich den ganzen Tag wohl in seiner Haut zu fühlen. Das ist Lebensfreude pur ...

In wenigen anderen Bereichen Deines Lebens bist Du so direkt mit Deinem „inneren Schweinehund“ in Kontakt wie bei Deiner Gesundheit. Wenn Du selbst mit Dir ehrlich bist, kannst Du hier erkennen, wer bei Dir die Zügel in der Hand hält, Du oder Dein innerer Schweinehund. Du wirst doch Dein Leben nicht von einem Hund bestimmen lassen, oder? Auf!

Übernimm die Verantwortung auch in diesem Bereich Deines Lebens! Gönne Dir dieses Gefühl, nach dem Sport voller Entspannung und Zufriedenheit Glückshormone durch Deinen Körper sprudeln zu lassen. Los geht's!

Du stärkst Deine Gesundheit zum einen durch Deine Ernährung. Lass Dir dabei ruhig Zeit und lerne mehr und mehr, Essen zu Dir zu nehmen, das Dich Deinen Zielen näher bringt. Vor allem wichtig sind Getreide, Früchte, Obst und viel Wasser ...

Gesundheit ist für den Menschen die Grundlage seines Glücks. Aus ihr schöpft er neue Kraft.

„Gesundheit ist nicht alles,
aber ohne Gesundheit ist alles nichts.“

ARTHUR SCHOPENHAUER

Achte auch auf Bewegung durch z. B. Schwimmen, Skaten, Fahrrad fahren oder Laufen. Nach ca. vier Wochen ist die neue Sportart zu einer Gewohnheit geworden. Danach willst Du gar nicht mehr auf dieses Gefühl verzichten, sich blendend und lebendig zu fühlen. Wenn Du Dir einen „Trainingspartner“ suchst, fällt das Ganze einfacher. Erhöhe Deine Lebensqualität durch ein gesundes Leben und gib dem Schweinehund keine Chance, Dein Leben zu bestimmen!

Laufen ist nicht nur Überwindung, sondern bedeutet wirklichen Lebensgenuss. Zwar bedeutet es Überwindung, sich aus dem warmen Bett zu schälen, aber dann, früh morgens, die Luft ist klar, alles ist noch ruhig, Du schnürst Deine Laufschuhe und läufst einfach los. Durch den Wald, Du begegnest niemanden oder wenigen Personen. Die Sonne grüßt Dich mit den ersten warmen Sonnenstrahlen des Tages auf Deiner Haut. Du kannst die Frische und das Leben des neuen Tages und der Natur genießen, dem Wind oder dem Vogelgezwitscher lauschen, dem Grün der Bäume oder dem gleichmäßigen Auftreten Deiner Füße. Du bist ungestört, und kannst über Dich und Dein Leben nachdenken. Und ein Geheimnis: Während und wenn Du läufst, kannst Du einfach nicht unglücklich sein. Es funktioniert nicht, so sehr Du auch willst. Und dann läufst Du durch diese schöne Landschaft. Das bedeutet Lebensqualität.

Der Mensch, der zu beschäftigt ist,
sich um seine Gesundheit zu kümmern,
ist wie ein Handwerker der keine Zeit hat,
seine Werkzeuge zu pflegen.

SPANISCHES SPRICHWORT

11 Tipps für ein gesünderes Leben

1

Ernähre Dich ausgeglichen und vollwertig. Iss vor allem Obst, Gemüse und Salat.

2

Trinke zwei bis drei Liter Flüssigkeit, möglichst Mineralwasser und Fruchtsäfte. Denn wie schon Ole Petersen sagte: „Sprühende Energie, kräftige Vitalität und ein scharfer Verstand sind ohne Aufnahme von 2 – 3 Litern Wasser pro Tag nicht zu erlangen."

3

Lerne, bewusst zu atmen. Der Mensch kommt mehrere Wochen ohne Ernährung, mehrere Tage ohne Wasser aus, ohne Sauerstoff jedoch nur wenige Minuten. Sauerstoff ist das Element der menschlichen Lebensenergie. Lerne, tief und bewusst zu atmen.

4

Freue Dich am Leben. Pfeife, tanze, singe, male und triff Dich mit Freunden – genieße und nutze die schönen Kleinigkeiten des Lebens.

5

Nutze die Vorzüge der Jahreszeiten. Im Frühling das Ergrünen des Waldes beim Spaziergang zu beobachten, sich wieder in den Garten zu setzten, im Sommer ins Schwimmbad und zu Picknicks zu gehen, im Herbst Drachen steigen lassen und im Winter kuscheln oder rodeln.

11

Verzichte aufs Rauchen. Denn Rauchen verursacht Gefäßverengung und gefährdet durch mangelnde Sauerstoffaufnahme Deine Leistungsfähigkeit und Gesundheit.

10

Verbringe Zeit. Mit Deinen Hobbies, denn etwas aus Muße zu tun, nur weil es Spaß macht, ist das Geheimnis echter Erholung.

9

Schlafe ausreichend. Ruhe Dich aus, wenn Du Dich ausgelaugt fühlst. Gönne Dir täglich mindestens 7 – 8 Stunden Schlaf, um Deinen Körper und Deinen Geist mit neuer Energie und Kraft aufzutanken.

8

Treibe Sport, um Dich an jedem Tag quicklebendig, vital und gesund zu fühlen. Wie wäre es mit Ausdauersport? Verabrede Dich mit Freunden und „Trainingspartnern", und versuche, mindestens viermal in der Woche 30 – 45 Minuten gemeinsam beim Inlineskating, Schwimmen, Radfahren oder Jogging aktiv zu sein. Gemeinsam macht Sport noch mehr Spaß. Bitte achte hierbei auf den richtigen Pulsbereich.

7

Wenn Du traurig bist, dann nimm Dir die Freiheit, zu weinen. So hilfst Du dem Körper, Giftstoffe aus Deinem Körper zu schwemmen, um wieder die eigene innere Balance zu finden.

6

Sei albern und verbreite so viel Frohsinn, Witz und Humor wie nur möglich in Deinem Leben.

Mein Gesundheitsziel

ÜBUNG

Wie sieht Dein Gesundheitsziel für die nächsten 12 Monate aus. Was willst Du in den nächsten zwölf Monaten in den Bereichen Ernährung, Bewegung und Entspannung für Dich selbst tun? Willst Du Dich mit Deiner Ernährung näher beschäftigen? Willst Du Dir einen Trainingspartner für regelmäßigen Sport suchen? Handle und tue jetzt etwas für Dich, denn sonst ist dieser Moment ein für alle Mal verloren und vergeudet. Notiere hier deine ganz persönlichen Gesundheitsziele.

WORK BOOK

Bewegung

Ernährung

Entspannung

Dankbarkeit

Dankbarkeit ist wie ein Zauberschlüssel gegen das Unglücklich sein. Sie schenkt Dir, gleich in welcher Situation Du Dich befindest, einen Glücksmoment. Sie ist eine weitere Möglichkeit, die Anzahl der schönen Momente in Deinem Leben zu vergrößern.

Wenn Du traurig bist, hilft sie Dir dabei, Dich aus einem „Loch" herauszuheben und wieder ein paar Sonnenstrahlen zu sehen. Dankbarkeit ist ein Zaubermedikament für Dein eigenes Wohlbefinden, welches Du allzeit mit in Deiner „Tasche" trägst. Der Mensch gewöhnt sich schnell an äußere Umstände und deswegen fällt es ihm schwer, die kleinen Dinge in seinem Leben wertzuschätzen.

Hast Du schon einmal überlegt, wie gut es Dir jeden Tag geht? Freue Dich doch einfach einmal darüber, dass Du jeden Morgen wieder aufwachst. Wenn es draußen eisig kalt wird, kannst Du durch Deine Heizung Deine Wohnung/Dein Haus sofort erwärmen. Empfinde Dankbarkeit dafür, welche Reisen Du schon gemacht hast, und wie viele schöne Orte dieses Planeten Du schon gesehen hast. Sei glücklich für die vielen schönen Momente, die Du schon mit anderen Menschen verbringen durftest. Dass Du in Deinen Ferien mit Deiner Zeit anstellen kannst, was Du willst. Sei dankbar, dass Du alles erlernen kannst, was Du möchtest, z. B. Malen, Kochen, Tanzen, Musik spielen und Sport treiben. Bedanke Dich bei Deinem Leben für die unzähligen Male, an denen Du schon Lachen durftest.

Diese Liste lässt sich sehr lange weiterführen. Je mehr Dankbarkeit Du für die kleinen Dinge des Lebens empfinden lernst, desto glücklicher wirst Du sein!

„Dankbarkeit ist das Erinnerungsvermögen des Herzens."

JEAN-BAPTISTE MASSILLON

Achtsamkeit

Wann hast Du das letzte Mal an DICH gedacht? An Deine innere Zufriedenheit, an Zeit für Dich selbst, an Phasen des Kräfteschöpfens, an Energie tanken, in sich ruhen, auf die innere Stimme hören, auf sich achten …

Achtsamkeit ist eine grundlegende Fähigkeit des menschlichen Geistes. Deshalb können wir nicht nur sehen, hören, riechen, schmecken, fühlen und denken, sondern auch wahrnehmen. Unser Geist hilft uns, mit klarem Blick auf das zu schauen, was gerade geschieht. Achtsamkeit heißt, das Leben mit allen fünf Sinnen zu genießen. Wie ist es aber wirklich? Hektik, Stress, Zeit- und Termindruck sowohl im Berufs- als auch Privatleben trüben unsere Sinne. Bei vielen Tätigkeiten des Tages sind wir gedanklich oft schon einen Schritt voraus oder hängen der Vergangenheit nach.

Wahrnehmen und Loslassen sind Dinge, die wir ursprünglich beherrschen. Der Körper muss erst deutliche Signale (Verspannungen, Schlaflosigkeit, innere Unruhe) setzen, damit wir wieder bereit sind, auf uns selbst zu achten. Es kommt also darauf an, bewusst wahrzunehmen.

„Alle großen Gedanken haben ihren Anfang in der Stille!“

RAINER HAAK

ÜBUNG

Halte mehrmals kurz über den Tag verteilt inne und horche in Dich hinein. Wie fühlst Du Dich? Nimm das Gefühl wahr, ohne es zu werten.

Nimm das Erlebnis Duschen:
Achte doch einmal dabei auf jedes Detail – wie fühlt sich der Duschboden an, welches Geräusch macht der Wasserstrahl, wie perlt das Wasser von der Haut ab, wie entstehen und zerplatzen die Schaumblasen … Versuche, mit Deinen Gedanken wirklich beim Erlebnis Duschen zu bleiben und nicht „abzuschweifen“.

WORK BOOK

Die drei Hauptaspekte sind hierbei Körper, Geist und Seele: Körper – körperlich – bewegen, betätigen, Haltung bekunden. Geist – geistig – denken, wissen, besinnen. Seele – seelisch – fühlen, erleben, inspirieren.

Achtsamkeit kann zu Entspannung und Gelassenheit führen. Eine Methode von vielen ist Yoga. Den eigenen Körper bewusst wahrnehmen, seine Gedanken in das Hier und Jetzt zu bringen und die Veränderungen an jedem Tag neu zu erleben. Es erfordert nur, wie so vieles im Leben, eine regelmäßige Übung. Sich in Achtsamkeit zu üben ist eine ernste Angelegenheit, die aber jeder von uns kann, wenn er denn will. Probiere es mit der nötigen Gelassenheit und hab Freude dabei.

Glücklich sein

Ein Mann wurde einmal gefragt, warum er trotz seiner vielen Beschäftigungen immer so glücklich sein könne. Er sagte: „Wenn ich stehe, dann stehe ich, wenn ich gehe, dann gehe ich, wenn ich sitze, dann sitze ich, wenn ich esse, dann esse ich, wenn ich liebe, dann liebe ich …"

Dann fielen ihm die Fragesteller ins Wort und sagten: „Das tun wir auch, aber was machst Du darüber hinaus?" Er sagte wiederum: „Wenn ich stehe, dann stehe ich, wenn ich gehe, dann gehe ich, wenn ich …" Wieder sagten die Leute: „Aber das tun wir doch auch!" Er aber sagte zu ihnen: „Nein – wenn ihr sitzt, dann steht ihr schon, wenn ihr steht, dann lauft ihr schon, wenn ihr lauft, dann seid ihr schon am Ziel."

Freundschaft

1

Beziehungen mit anderen Menschen sind das Wichtigste in Deinem Leben. Mit anderen Menschen zu sprechen, sich auszutauschen, sich zugehörig und verstanden zu fühlen, braucht jeder Mensch. Was bringt einem all der Erfolg, wenn man niemanden hätte, mit dem man diesen teilen könnte? Je mehr Zeit, Freude und Gefühl Du in Deine Beziehungen legst, desto glücklicher wirst Du sein.

2

Lerne zu geben, ohne etwas dafür zurück zu verlangen. Beziehungen funktionieren nicht nach dem Prinzip „Ich gebe, also habe ich den Anspruch, sofort etwas zurückzuerhalten". Schenke Menschen Deine ungeteilte Aufmerksamkeit. Wenn Du Deinen Freunden zuhörst, so konzentriere Dich ausschließlich auf das, was sie sagen und sei präsent.

3

Lobe Deine Mitmenschen, gratuliere ihnen ehrlich für ihre Leistungen, sage ihnen, dass Du sie magst, schreibe ihnen eine schöne Karte oder einen Brief und schenke ihnen eine Kleinigkeit, um so Deinem Gefühl Ausdruck zu geben, wie sehr Du sie magst.

4

Wenn Du Dir selbst gegenüberstehen würdest, könntest Du Dir sagen: Ja, das ist ein Freund, wie man sich ihn nur wünschen kann?

5

Unterstütze und fördere andere dabei, ihre Ziele zu erreichen.

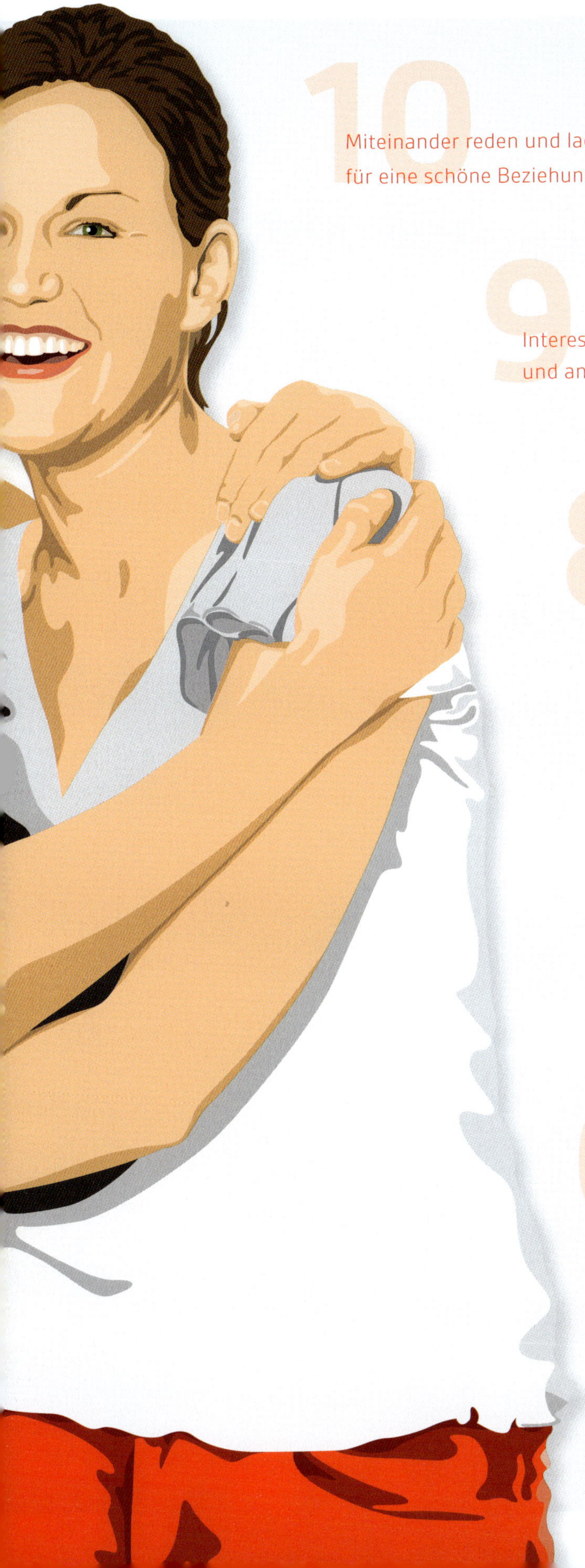

10

Miteinander reden und lachen ist die beste Voraussetzung für eine schöne Beziehung zwischen Menschen.

9

Interessiere Dich aufrichtig für Deinen Gegenüber und andere Menschen!

8

Mache den anderen nicht verantwortlich, wenn Du unglücklich bist. Du bist verantwortlich für Dein Leben, also bündele Deine Kraft, entweder die Situation oder Deine Einstellung dazu zu verändern. Niemand außer Dir selbst hat Macht darüber, wie Du Dich fühlen willst!

7

Sei verständnisvoll. Jeder hat seine eigene Sicht der Dinge. Wer sagt Dir, dass Deine die Richtige ist?

6

Spreche offen über Deine Gefühle, über Handlungen Deines Gegenübers, die Unmut oder Traurigkeit in Dir hervorrufen und schon hast Du die Grundlage für eine funktionierende Beziehung gelegt!

„*Man sieht nur mit dem*

Herzen

gut.

Das Wesentliche
ist für das Auge
unsichtbar.“

ANTOINE DE ST. EXUPERY

Partnerschaft

Wie führst Du eine erfüllende, vertrauensvolle Beziehung? Diesen Schlüssel zu Deinem tiefen Lebensglück kennst nur Du allein für Dich.

Erlernst Du die Voraussetzung für eine erfüllende Beziehung, trennt Dich allein Deine Lehrzeit von diesem Glück: Dich selbst anzunehmen und zu lieben, Selbstvertrauen aufzubauen, den anderen bei Selbstverwirklichung Freiheit zu gewähren und ihn zu unterstützen und offen und ehrlich über Deine Wünsche, Bedürfnisse und weniger funktionierende Dinge sprechen zu lernen.

Ich denke von Dir,
wie ich wünsche,
dass Du von mir denkst.

Ich spreche von Dir,
wie ich wünsche,
dass Du mit mir sprichst.

Ich handle Dir gegenüber so,
wie ich wünsche, dass Du
mir gegenüber handelst.

VOLKSWEISHEIT

Die vier Schlüssel für mehr Lebensglück

Schlüssel 1

„Wenn Du Dich nicht selbst liebst, werden andere dies auch nie schaffen". Bsp.: Du findest Dich zu dick, Dein Partner macht Dir über Deine Figur ein ehrliches Kompliment. Wirst Du es dann wirklich annehmen können? Was empfindest Du, wenn Du in den Spiegel blickst? Gelingt es Dir, Dich anzulächeln und zu sagen: Ich liebe mich, so wie ich bin?

Schlüssel 2

Schränkst Du den anderen in seiner Selbstverwirklichung außerhalb der Beziehung zu sehr ein, wird er dies über kurz oder lang Übel nehmen. Je mehr Du Deinen Partner förderst und ihn in seinem Beruf etc. unterstützt, desto mehr wird er Dich lieben, weil er/sie zufrieden ist.

Schlüssel 3

Sage Deinem Partner immer wieder neu, dass Du ihn liebst, dass Du an ihn glaubst und dass er für Dich der wichtigste Mensch in Deinem Leben ist. Denn wenn Du so fühlst, wieso sagst Du es ihm dann nicht noch häufiger? Damit schenkst Du ihm Anerkennung, die sich jeder Mensch wünscht. Danke ihm für „Selbstverständlichkeiten" wie Kochen, Reparaturen oder einfach, dass er für Dich da ist.

Schlüssel 4

Spreche immer offen, ehrlich und sofort mit Deinem Partner über Deine Wünsche, Träume, was Dich bewegt und was Dich stört in der Beziehung. Lernst Du, den anderen konstruktiv zu kritisieren, gibst Du ihm eine weitere Möglichkeit, persönlich zu wachsen.

*Der Mensch an Deiner Seite
ist jemand, der die Melodie
Deines Herzens kennt und
Dich daran erinnert, wenn
Du sie einmal vergisst.*

Kinder

KAPITEL V

Kinder gehören zu unserem Leben, doch reicht der Wunsch allein, Kinder zu bekommen? Für viele Elternpaare nicht, darum ist ein Kind das größte Geschenk auf Erden! Neun Monate im Mutterleib entwickelt sich das größte Wunder – ein kleiner Mensch! Ein Kind erblickt das Licht der Welt.

Die Geburt ist für Eltern und Kind der Start auf eine einzigartige und ganz individuelle Entdeckungsreise! Das Leben ändert sich um 180 Grad ... Wenn du andere Mütter oder Väter fragst: „Wie ist denn das Leben mit Kindern?“, lautet die Antwort meist, es ist „anders“. Es wird reicher an unbeschreiblichen Glücksmomenten, tausenden Sekunden von Kinderlachen, unzähligen schlaflosen Nächten, an vielen Momenten der völligen Hilflosigkeit ... Es wird reicher, um eine völlig neue Form der Liebe!

Kinder sind unsere Zukunft. Sie brauchen uns und wir brauchen sie. Mit Kindern sehen wir die Welt mit anderen Augen, sie geben unserem Leben einen wirklichen Sinn und sie zeigen uns, was es heißt, bedingungslose Liebe zu geben und zu nehmen. Sie lassen uns die kleinen Dinge des Lebens wieder sehen. Sie zeigen uns, wie toll es sein kann, Seifenblasen schweben zu sehen, sie nehmen uns an die Hand und wir erleben mit ihnen die Natur neu, die Form eines Blattes, das Rauschen des Baches ... Wir entdecken mit ihnen die Faszination eines tropfenden Wasserhahnes.

„Ein Kind ist eine sichtbar gewordene Liebe."

NOVALIS

Wir können mit ihnen stundenlang Bücher anschauen, Benjamin Blümchen anhören, Bauklötze aufeinander stapeln und mit der Eisenbahn spielen. Wir hören ein Kinderlachen und der kleine Ärger, den wir vielleicht zuvor hatten, ist vergessen.

Wir erleben ein völlig neues und so tiefes Gefühl der Sorge und Angst um einen anderen Menschen, wenn sich ein Kind weh tut und weint. Wir zählen nicht die vielen schlaflosen Nächte. Wir reden nicht über die 24-stündige Dauerverantwortung, wir geben einfach nur Liebe und bekommen sie 1000-fach zurück. Durch unsere Kinder lernen wir unsere Eltern verstehen. Warum haben sie uns so und nicht anders erzogen?

Lassen wir unsere Kinder, Kinder sein, sie fröhlich und unvoreingenommen die Welt entdecken, sie ihre Erfahrungen sammeln ... Begleiten wir sie auf ihrem Weg des Erwachsen Werdens. Nehmen wir uns für sie Zeit, sind wir für sie da, wenn sie uns brauchen und lassen sie an unserem Leben teilhaben. Hören wir ihnen zu und gehen auf ihre ganz persönlichen Wünsche und Fragen ein. Erzählen wir ihnen von unseren Träumen und Sorgen. Kuscheln wir mit ihnen, soviel es geht und zeigen ihnen die Vielfalt der Welt. Sie werden ihren Weg gehen! Wir sind für sie da und sie für uns. Sie werden die Eltern unserer Enkelkinder – sie sind unsere Zukunft, sie sind das Wichtigste im Leben, sie sind das Leben!

KINDER

„Eure Kinder sind nicht eure Kinder.
Sie sind die Söhne und Töchter
der Sehnsucht des Lebens nach sich selber.
Sie kommen durch euch, aber nicht von euch,

Und obwohl sie mit euch sind, gehören
sie euch doch nicht.
Ihr dürft ihnen eure Liebe geben,
aber nicht eure Gedanken,
Denn sie haben ihre eigenen Gedanken.
Ihr dürft ihren Körpern ein Haus geben,
aber nicht ihren Seelen.

Denn ihre Seelen wohnen im Haus
von morgen, das ihr nicht besuchen könnt,
nicht einmal in euren Träumen.
Ihr dürft euch bemühen, wie sie zu sein,
aber versucht nicht, sie euch ähnlich
zu machen.

Denn das Leben läuft nicht rückwärts,
noch verweilt es im Gestern.
Ihr seid die Bogen, von denen eure
Kinder als lebende Pfeile ausgeschickt
werden. Der Schütze sieht das Ziel
auf dem Pfad der Unendlichkeit,
und er spannt euch mit seiner Macht,
damit seine Pfeile schnell und weit
fliegen.

Laßt euren Bogen von der Hand
des Schützen auf Freude gerichtet sein;
Denn wie er den Pfeil liebt, der fliegt,
so liebt er auch den Bogen, der fest ist."

KHALIL GIBRAN

Geben und Nehmen

Eines der wichtigsten Gesetze im Umgang mit Deinen Mitmenschen ist Geben und Nehmen. Leider fordern viele Menschen nur, anstatt großzügig anderen Menschen Liebe und Freude zu schenken. Wie steht es mit Dir?

Bist Du verschwenderisch mit Fröhlichkeit, die Du anderen Menschen schenkst? Zeigst Du Ihnen, wie sehr Du Sie magst? Schenkst Du Ihnen ein tiefes Lachen? Alles, was Du aussendest, kommt vermehrt zu Dir zurück!

Häufig sind wir sehr berechnend im Umgang mit anderen. Haben wir dem anderen ein Geschenk gegeben, so wünschen wir uns mindestens ein ähnliches bei nächster Gelegenheit. Doch das Leben funktioniert nicht nach dem wirtschaftlichen Bilanzprinzip. Wie viel fröhlicher wärst Du, wenn Du anderen Menschen einen Gefallen tun würdest, ohne innerliche Erwartung, etwas zurückzuerhalten? Dann ist nur noch Raum für Freude in Deinem Herzen und kein Platz mehr für Enttäuschung. Wenn Du eine solche erwartungsfreie Haltung gelernt hast, wirst Du viel mehr von anderen Menschen zurückerhalten, als Du es Dir jemals hättest träumen lassen.

Leben ist geben, immer wieder geben
das ist der Schlüssel wahren Menschenglücks.

ASIATISCHE WEISHEIT

Welche Gefühle hast Du, wenn Du Dir überlegst, dass Du mit Deinem Brief, mit Deiner Aufmunterung oder Deinem Anruf einen Menschen glücklich gemacht hast? Somit erzeugst Du Glück in Deinem Leben, das unabhängig davon ist, ob Dich der andere jetzt zurückruft oder sich bedankt. Du bist einfach so glücklich, weil Du einem anderen Menschen etwas gegeben hast.

Und häufig ist es noch besser: Wie zufrieden bist Du, wenn Dich Dein Partner anlächelt, weil Du ihn einfach so mit einem Blumenstrauß überrascht hast? Wenn Dich Deine Eltern freudestrahlend anrufen, weil Du ihnen einen liebe Urlaubskarte geschickt hast? Erkennst Du, dass DU selbst Dir somit ein glücklicheres Leben schaffst und gleichzeitig andere Menschen bereicherst?

Das Leben ist wie ein Bumerang.
Was Du gibst, kehrt zu Dir zurück.

KAPITEL V

In dreißig Jahren

VOR LANGER ZEIT lebten in dem Ort Swabeedo kleine Leute. Sie waren sehr glücklich und liefen den ganzen Tag mit einem fröhlichen Lächeln herum. Wenn sie sich begrüßten, überreichten sie sich kleine, warme, weiche Pelzchen, von denen jeder immer genug hatte, weil er sie verschenkte und sofort wieder welche geschenkt bekam. Ein warmes Pelzchen zu verschenken, bedeutete für diese Menschen: Ich mag Dich. So zeigten sie, dass jeder jeden mochte. Und das machte sie den ganzen Tag froh. Außerhalb des Ortes lebte, ganz einsam in einer Höhle, ein Kobold. Wenn ein Swabeedoler ihm ein Pelzchen schenken wollte, lehnte er es ab, denn er fand es albern, sich Pelzchen zu schenken. Eines Tages traf der Kobold einen Swabeedoler im Dorf, der ihn sofort ansprach: War heute nicht ein schöner, sonniger Tag?" Und der Mann reichte ihm ein besonders weiches Pelzchen. Der Kobold schaute in den Rucksack mit den Pelzchen. Dann legte er dem Swabeedoler den Arm vertraulich um die Schulter und flüsterte ihm zu : Nimm Dich in acht. Du hast nur 207 Pelzchen. Wenn Du diese weiterhin so großzügig verschenkst, hast Du bald keine mehr. Das war natürlich vollkommen falsch gerechnet: denn ein jeder Swabeedoler hatte, da jeder jedem welche schenkte, immer genug davon. Doch kaum hatte der Kobold den verdutzten kleinen Mann stehen lassen, kam schon sein Freund vorbei und schenkt ihm wie immer ein Pelzchen. Doch der Beschenkte reagierte nicht wie bisher. Er packte das Pelzchen ein und sagte zu seinem Kollegen: „Lieber Freud, ich will Dir einen Rat geben. Verschenke Deine Pelzchen nicht so großzügig, sie könnten Dir ausgehen." Bald gaben sich immer öfter Swabeedoler diesen Rat. So kam es, dass Pelzchen nur noch an allerbeste Freunde verschenkt wurden. Jeder hütete seinen Pelzrucksack wie einen Schatz. Sie wurden zu Hause eingeschlossen, und wer so leichtsinnig war, und damit über die Straße zu gehen, musste damit rechnen, überfallen und beraubt zu werden. Die kleinen Leute von Swabeedo veränderten sich. Sie lächelten nicht mehr und begrüßten sich kaum noch. Keine Freude kann mehr in ihre traurigen und misstrauischen Herzen.

Erst nach langer Zeit begannen einige Leute erneut, sich wie früher kleine, warme, weiche Pelzchen zu schenken. Sie merkten bald wieder, dass ihnen die Pelzchen nicht ausgingen und dass sich Beschenkte und Schenkende darüber freuten. Sie konnten wieder lächeln und in ihrem Herzen wurde es wieder warm, obwohl die Traurigkeit und das Misstrauen nie mehr ganz daraus verschwanden.

Gelassenheit

Gelassenheit erhöht Deine Lebensqualität enorm. Sie lässt Dich innerlich ruhig werden. Du vertraust darauf, dass alles zu Deinem Wohle geschieht und das alles, was Dir widerfährt, für Deinen weiteren Lebensweg nützlich ist.

Gelassen wirst Du dann, wenn Du verstehst, was das Leben auf Erden bedeutet. Zu lernen und Erfahrungen zu sammeln, sein Bewusstsein und seinen geistigen Horizont zu erweitern und als Person zu wachsen.

Ganz gleich, welcher Art Deine Erfahrungen (ob positiv oder negativ) sind, kannst Du Dich entweder an ihnen freuen oder aber aus ihnen lernen. Wie könntest Du Dich jemals weiterentwickeln, wenn Du keinerlei Probleme oder Hindernisse und Herausforderungen hättest? Sobald Du verstehst, das Probleme Dir genau die Bereiche Deines Lebens aufzeigen, an denen Du Dich noch positiv verändern kannst, kannst Du sie als „Wegweiser" für Deine Weiterentwicklung betrachten. Dadurch stellt sich in Deinem Leben eine große Gelassenheit ein. Freude in Deinem Leben zeigt Dir die Bereiche, die Du schon genießen kannst und Probleme zeigen Dir die Bereiche, in denen Du noch Freiraum für persönliches Wachstum besitzt.

„Der Gelassene nutzt seine Chance besser als der Getriebene."

THORNTON WILDER

Denk an Dich!

Um alltäglich gelassener zu werden, nimm folgende Frage mit in den Tag für eine Situation, die Dich aufregt oder Deine Nerven anspannt: Was wird von dieser Aufregung/Anstrengung heute noch in zehn Jahren übrig sein? Wie viel Wichtigkeit werde ich der jetzigen Situation in dreißig Jahren geben?

„Herr,
gib mir die Gelassenheit,
Dinge hinzunehmen,
die ich nicht ändern kann;
gib mir den Mut,
Dinge zu ändern,
die ich ändern kann;
und gib mir die Weisheit,
das eine vom anderen
zu unterscheiden."

FRIEDRICH CHR. OETTINGER

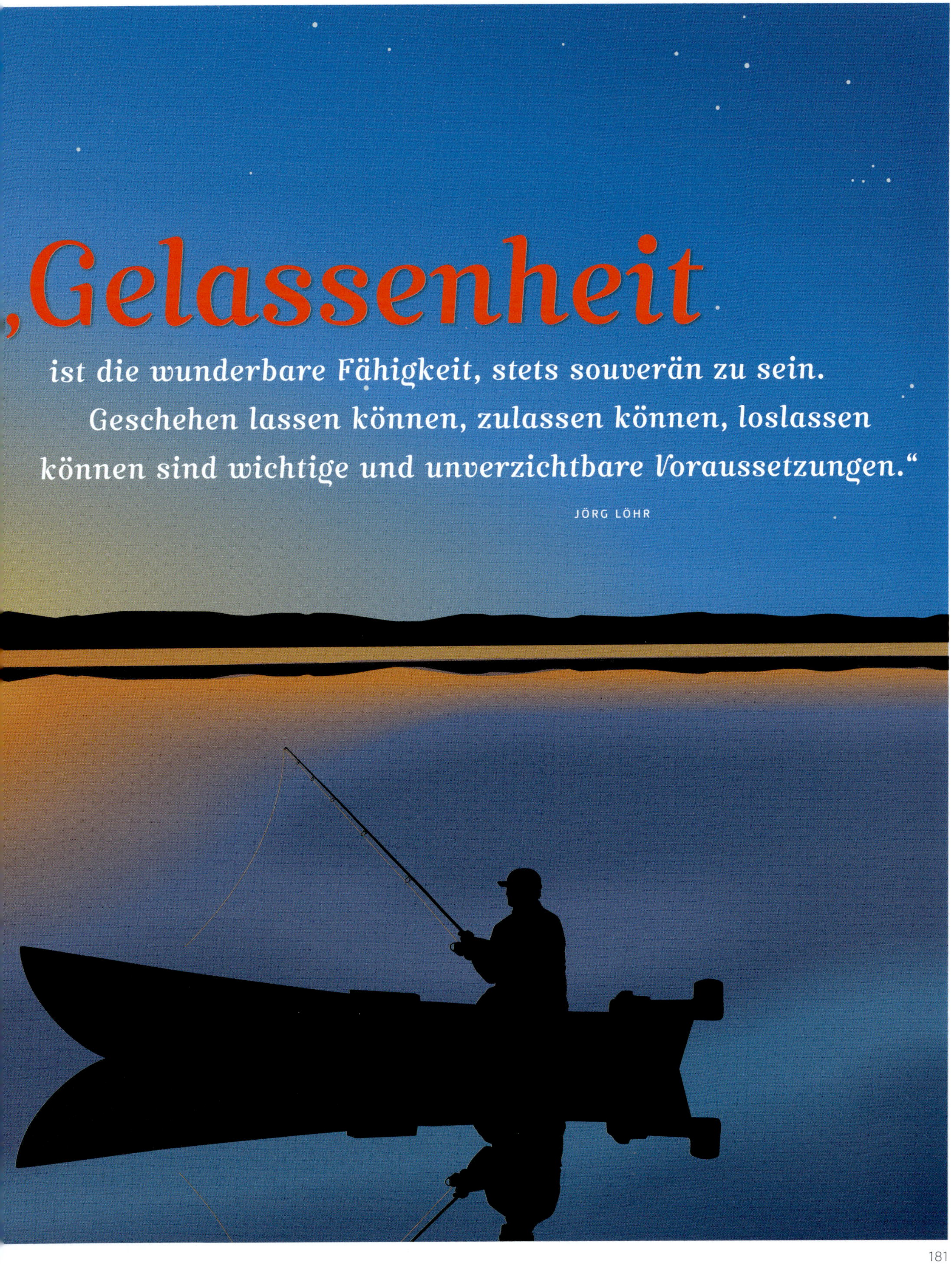

„Gelassenheit ist die wunderbare Fähigkeit, stets souverän zu sein. Geschehen lassen können, zulassen können, loslassen können sind wichtige und unverzichtbare Voraussetzungen.“

JÖRG LÖHR

Finanzielle Freiheit

Was denkst Du über Geld? Inwiefern zeigt sich das, was Du denkst, in Deinem momentanen Leben? In Deinem Leben ist Geld eine Tauschware für persönliche Freiheit. Nicht mehr und nicht weniger.

Wenn Du z. B. reisen oder Deinen Partner zum Essen einladen willst, brauchst Du diese Tauschware. Finde für Dich heraus, wie wichtig Dir Geld in Deinem Leben ist. Finanzielle Sorgen werfen einen Schatten auf Dein persönliches Glück und sind somit Grund für Unruhe, Angst und Sorge.

Finanzieller Wohlstand hat viel mit inneren Überzeugungen zu tun. Wenn Du glaubst, dass man nur durch härtestes Schuften reich werden kann, dann wird das in Deinem Leben so richtig sein. Bitte mache Dir klar, dass Dein materieller Reichtum keine Ungerechtigkeit darstellt. Durch die Tatsache, dass Du reich bist, nimmst Du niemandem die Möglichkeit, selbst finanziell unabhängig zu werden, im Gegenteil, Du kannst ihn unterstützen und ihm mehr dabei helfen, wenn Du über finanzielle Ressourcen verfügst. Geld vermittelt Dir ein Gefühl von Sicherheit, finanzieller Wohlstand steigert Dein Selbstvertrauen.

„Geld ist gedruckte Freiheit."

FJORDOR DOSTOJEWSKI

Außerdem gibt Dir Geld Handlungsfreiheit und persönlichen Spielraum, die Umstände in Dein Leben zu bringen, die Dir in Deinem Leben gefallen und unter denen Du Deine Zeit verbringen willst. Für all diese Dinge ist Geld gut.

Tue Dir also selbst einen Gefallen und spreche mit einer wohlhabenden Person und frage sie, ob sie heute mehr arbeitet als früher. Ahnst Du die Antwort? Handle klug und verwende vor dir selbst nicht den Vorwand: Andere Menschen hatten millionenschwere Eltern, ich aber nicht. Das ist ungerecht! Es geht hier nicht um Vergleiche, nicht um das Leben anderer, sondern nur um DEIN LEBEN.

„Wer nicht zu Geld steht,
dem steht Geld nicht zu."

ANDREAS ACKERMANN

Willst Du auch in Deinem Leben die Qualität besitzen, reisen zu können, um die schönsten Landschaften dieser Erde kennen zu lernen? Willst Du andere stolz in Dein schönes Haus mit seinem edlen und stilvollen Geschmack empfangen? Dann spreche mit erfolgreichen Menschen, die finanziell unabhängig sind, und lerne von ihren Erzählungen und Erfahrungen. Und dann verändere Deine inneren Gedanken über finanzielle Freiheit.

Ein Beispiel: Viele Menschen verwenden nur bei Besuch ihr bestes Geschirr und Besteck. Sie sind es sich selbst nicht Wert, dieses Geschirr auch an einem normalen Tag selbst zu benutzen. Wenn Du Dich selbst nicht Wert fühlst, auch unter normalen Umständen Dein edles Geschirr zu benutzen, wie soll Dich dann das Leben wertschätzen (mit Wohlstand)? Auf der einen Seite gibst Du Dir selbst nicht das Beste, erwartest jedoch, dass Dir das Leben das Beste gibt. Das kann nicht funktionieren. Änderst Du Deine Einstellungen, dann schaffst Du so die Grundlage für mehr persönliche und finanzielle Freiheit in Deinem Leben.

„Geld ist wie ein Freund, der zu Besuch kommt:
freue Dich, dass er zu Dir kommt und lasse ihn
mit Freude gehen – halte ihn nicht fest und zurück,
so wird er gerne zu Dir zurückkommen."

ANDREAS ACKERMANN

7 Ideen für eine bessere finanzielle Zukunft

1

Was würdest Du mit einer Million tun? Was würdest Du erschaffen? Was würdest Du besitzen? Stelle Dir diesen Endzustand vor, denn Geld ist lediglich Mittel zum Zweck und kann somit niemals als sinnvolles Endziel programmiert werden.

2

Überweise jeden Monat 10% Deines Gehalts auf ein separates Konto, welches Du für das Sparen verwendest.

3

Lebe sparsam und in Maßen. Frage Dich bei jeder Kostenstelle, ob diese Ausgabe wirklich notwendig ist.

4

Erstelle Dir einen Finanzplan, um Deine finanziellen Ziele schriftlich zu fixieren und nachvollziehbar zu gestalten, so dass Du ihre Entwicklung nachvollziehen kannst. Lege Deine materiellen Ziele für die nächsten 3, 5 und 10 Jahre fest.

7

Überlege Dir ein sinnvolles Konzept, wie Du Dein Geld gewinnbringend anlegen kannst. Hierfür solltest Du gerade zu Beginn vor allem Aktienfonds oder festverzinsliche Wertpapiere wählen. Tätige Deine Investitionen bei langjährig stetig wachsenden und erfolgreichen Unternehmen. Mittel- bis langfristig ist es sinnvoll, die Risiken Deiner Anlage möglichst gut zu verteilen. Falls Du hier selbst noch kein Experte bist, lasse Dich hierbei von einem Experten beraten.

6

Suche Dir einen Finanzcoach!

5

Geld ist wie Energie. Die krampfhafte Vorstellung, mehr davon haben zu müssen, führt dazu, dass Energie blockiert wird und dass das Gegenteil unserer Wünsche eintritt. In eine positive Richtung wirkt hingegen Spenden, weil Du Dir damit auch selbst das Gefühl gibst, etwas Gutes zu tun.

Sinn und Lebensaufgabe

„Wer sein Glück woanders sucht als in sich selbst, wird es nie finden.“

ERICH J. LEJEUNE

Deine wichtigste Lebensaufgabe besteht darin, dass Du glücklich wirst. Mach Dir selbst dieses Geschenk. Dies hat nichts mit Egoismus zu tun, da jeder Mensch letztendlich für sich versucht, glücklich zu sein.

Dein Glücklichsein gefällt auch anderen Menschen: denn andere Menschen sind gerne mit glücklichen und zufriedenen Menschen zusammen, die einander fördern und ermutigen. Kennst Du diesen Satz aus deiner Kindheit: „Denkst Du eigentlich an niemand anderen?“ Damit Du lernst, an andere zu denken, wurde Dir dieser Satz eingeprägt.

Belohne Dich selbst!

Du kannst lernen, noch besser für Dich selbst zu sorgen, indem Du Dich immer wieder fragst: „Wie kann ich in diesem Moment besser für mich selbst sorgen?“. Nach einem stressigen Tag, den Du gut überstanden hast, belohne Dich doch einfach einmal mit einer neuen CD. Nehme Dir Zeit für ein Bad am Wochenende, auszuschlafen oder ziehe Deinen Lieblingspullover an. Und sei gerne stolz und zufrieden mit Deinen eigenen Leistungen. So gibst Du Dir selbst mehr und mehr Wertschätzung.

Und wenn Du dann auch noch andere an Deiner Zufriedenheit teilhaben lässt, in dem Du sie unterstützt, aufbaust und somit an Deinem eigenen Vertrauen und an Deiner Energie teilhaben lässt, wird sich Deine Zufriedenheit noch vergrößern.

WORK BOOK

Gleichwohl ist es erwiesen, dass jeder Mensch zu 99 % (!!!) über sich selbst nachdenkt. Niemand weiß so genau, was Du brauchst und was Du Dir wünschst, wie Du selbst. Wie gut behandelst Du Dich selbst? Hier hilft eine einfache Frage: wenn Du jemanden anderen so behandeln würdest, wie Du Dich selbst behandelst, wäre er dann für Dich ein guter Freund?

„Wer einmal sich selbst gefunden hat, kann nichts mehr auf dieser Welt verlieren.“

STEFAN ZWEIG

Das Märchen von der größten Kraft des Universums

Ein altes Märchen erzählt von den Göttern, die zu entscheiden hatten, wo sie die größte Kraft des Universums verstecken sollten, damit sie der Mensch nicht finden solle, jedenfalls solange nicht, bevor er dazu reif sein würde, um diese Kraft verantwortungsbewusst zu gebrauchen. Ein Gott schlug vor, sie auf der Spitze des höchsten Berges zu verstecken. Aber sehr bald erkannten die Götter, dass der Mensch den höchsten Berg sehr wohl irgendwann ersteigen könnte, und somit die größte Kraft des Universums finden würde, bevor er dazu reif sei. Ein anderer sagte: „Lasst uns diese Kraft auf dem tiefsten Grund des Meeres verstecken." Aber wieder erkannten sie, dass der Mensch auch diese Region eines Tages würde erforschen können, und demnach die größte Kraft des Universums zu früh finden würde. Schließlich sagte der weiseste Gott: „Ich weiß, was zu tun ist. Lasst uns die größte Kraft des Universums dort verstecken, wo der Mensch niemals danach suchen wird, bevor er reif genug ist". Und so versteckten die Götter die größte Kraft des Universums im Menschen selbst. Dort ist sie noch immer und wartet darauf, dass wir sie in Besitz nehmen und weisen Gebrauch davon machen.

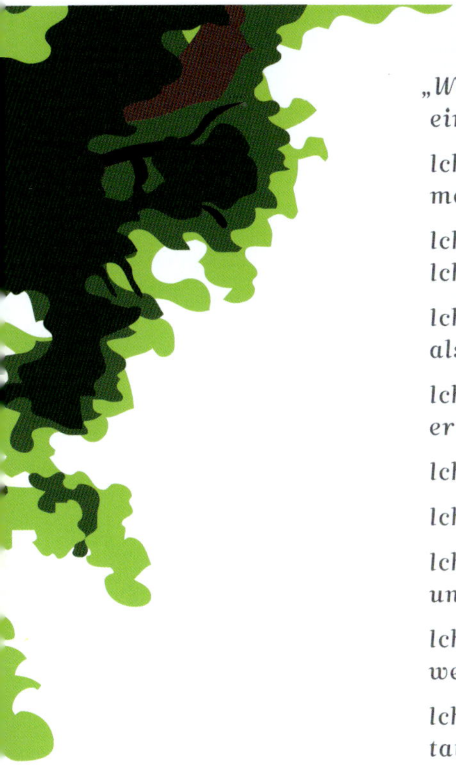

„Wenn ich mein Leben noch
einmal leben könnte …

Ich würde wagen, das nächste Mal
mehr Fehler zu machen.

Ich würde mich entspannen.
Ich würde mich vorbereiten.

Ich würde alberner sein,
als ich es auf dieser Reise war.

Ich würde weniger Dinge
ernstnehmen.

Ich würde mehr Chancen nutzen

Ich würde mehr Reisen machen.

Ich würde mehr Berge besteigen
und mehr Flüsse durchschwimmen.

Ich würde mehr Eis essen und
weniger Bohnen.

Ich würde vielleicht mehr
tatsächliche Sorgen haben,
aber auch weniger eingebildete.

Sehen Sie, ich bin einer dieser
Menschen, die Stunde für Stunde,
Tag für Tag vernünftig und
normal leben.

Oh, ich hatte meine Augenblicke,
und wenn ich es noch einmal
machen könnte, würde ich mehr
Augenblicke haben. Tatsächlich
würde ich versuchen, nichts
anderes zu haben. Nur Augenblicke.

Einen nach dem anderen,
anstatt so viele Jahre jedem Tag
vorauszueilen.

Ich war einer dieser Menschen,
die ohne Thermometer, eine heiße
Wärmflasche, einen Regenmantel
und einen Fallschirm nirgendwo
hingehen.

Wenn ich es noch einmal machen
könnte, würde ich das nächste
Mal mit leichterem Gepäck reisen.

Wenn ich mein Leben noch einmal
leben könnte, würde ich im Frühling
früher anfangen, barfuss zu gehen,
und im Herbst später aufhören.

Ich würde öfter zum Tanzen gehen.

Ich würde mehr Karussell fahren.

Ich würde mehr Gänseblümchen
pflücken.“

NADINE STAIR (85 JAHRE)

Carpe Diem

GESETZE DES LEBENS

*„Lebe so,
dass Du nicht zurückschaust
und bereust, dass Du Dein Leben
vertan hast!*

*Lebe so,
dass Du nicht Dinge, die Du
getan hast oder die Du gerne
anders gemacht hättest,
bereuen musst.*

Lebe ehrlich und ganz!

*Lebe so,
dass dieser Tag zu einer
Perle für Dich wird –
für Dich und andere.*

*In der Reihe der Tage,
die Dir geschenkt sind,
lebe!“*

ELISABETH KÜBLER-ROSS

Heute beginnt ein neuer Tag Deines Lebens …

… nutze ihn!

Biographien

Autoren

Gerd Kulhavy

Gerd Kulhavy, der Vollblutunternehmer und Marketingspezialist, studiert seit über 20 Jahren die Erfolgsrezepte und Geheimnisse der namhaftesten Trainer, Referenten und Unternehmer des nationalen und internationalen Marktes.

Als Vorsitzender der Geschäftsführung der Speakers Excellence Deutschland Holding GmbH, eine der führenden Referentenagenturen Europa's, begleitet er heute eine ausgewählte Zahl von herausragenden Top-Referenten auf ihrem Weg zur „Marke". Die vielen Begegnungen und Gespräche mit prominenten Persönlichkeiten aus Politik, Sport, Wirtschaft, Bildung und Life Style inspirierten ihn tiefgreifend und inspirieren ihn jeden Tag neu, Antworten auf die Frage nach den persönlichen Glücks- und Erfolgsrezepten zu finden.

www.speakers-excellence.de
www.geheimnisse-der-spitzentrainer.de

Dr. Christoph Winkler

Dr. Christoph Winkler beschäftigt sich seit Jahren mit Fragestellungen der Psychologie, der Lebensführung und aktiver Lebensgestaltung. Den Diplom-Kaufmann haben nach seiner Promotion im Bereich Erziehungswissenschaften die grundlegenden Fragen wie die Suche nach dem Glück und Zufriedenheit nicht mehr losgelassen.

Viele der Gedanken, die in diesem Buch eingeflossen sind, hat der Autor auf einer mehrmonatigen Weltreise durch Südamerika, Australien und Asien aufgeschrieben und entwickelt. Aktuell ist er in mehreren Rollen tätig: neben seiner Rolle als Coach, Referent und Teamentwickler hat er die wunderbare Aufgabe, junge Menschen bei ihrem Berufseinstieg zu begleiten.

Andrea Schmidt-Schwonbeck

Seit 1992 ist die diplomierte Pädagogin Andrea Schmidt-Schwonbeck eine praxisorientierte Spezialistin, gefragte Trainerin und Coach in den Bereichen Persönlichkeitsentwicklung, Führungstraining und Management-Beratung.

Als eine der Top 100 Excellent Trainer von Deutschland, Österreich und der Schweiz versteht sie es, ihre pädagogischen Erfahrungen mit den Methoden und Techniken der persönlichen Weiterentwicklung perfekt zu verknüpfen. Besonders spezialisiert hat sich Andrea Schmidt-Schwonbeck auf das Thema „Stressbewältigung (Burn-out)". In ihren Seminaren geht Andrea Schmidt-Schwonbeck gemeinsam mit den Teilnehmern den Stressoren auf den Grund und vermittelt alltagstaugliche Praxistipps für den richtigen Umgang mit Stress.

www.fua-train.de

Claudia Scheelen

Claudia Scheelen hat in mehr als 20 Jahren ihr Renommee mit den unternehmerischen Schwerpunktthemen Führung, Strategie und Steuerung als Vorstand der Scheelen® AG aufgebaut. Gleichzeitig ist sie Expertin in der Personal- und Organisationsentwicklung und setzt sowohl intern, als auch extern ihr Fachwissen als systemischer Coach um. Claudia Scheelen gelingt es, Menschen mit ihrer sehr kompetenten, sympathischen und werteorientierten Art zu gewinnen und langfristig zu begleiten.

www.unternehmercoaching.scheelen.ag

Sandra Reiser

„Schon als Kind habe ich mich für Menschen interessiert." Wie ein roter Faden führte diese Aussage Sandra Reiser durch ihr Leben. Die gelernte Einzelhandelskauffrau und Einrichtungsberaterin lernte schon früh Verantwortung für sich und andere zu übernehmen und führte Teams in der Position als Marktleiterin im Einzelhandel. Schicksalsschläge prägten ihr Leben und führten sie zu ihrem heutigen Beruf.

Die ausgebildete Reiki-Lehrerin und Rebalancing Körpertherapeutin ist spezialisiert auf Energiearbeit und ganzheitliches Wohlbefinden für Körper, Geist und Seele. Heute unterstützt Sandra Reiser in ihrer eigenen Praxis Menschen darin körperliche, geistige und seelische Blockaden zu lösen, Selbstheilungskräfte zu stärken und Krankheiten zu überwinden.

www.feinheiten-reiser.de

Literaturempfehlungen und Quellenhinweise

Ackermann, Andreas: Easy zum Ziel, 2005, ISBN 3813805255

Adenauer, Konrad: Erinnerungen 1959 – 1963, 1983, Deutsche Verlags-Anstalt DVA, ISBN 3421014736

Albom, Mitch: Dienstag bei Morries. Die Lehre eines Lebens, Goldmann, ISBN 3442451752

Asgodom, Sabine: Greif nach den Sternen, 2002, Goldmann, ISBN 3442164672

Beck, Don Edward/Christopher C. Cowan: Spiral Dynamics – Leadership, Werte und Wandel, 2011, inspire!, ISBN 9783899011074

Birkenbihl, Vera F.: Stroh im Kopf, 2005, Moderne Verlagsgesellschaft, mvg, ISBN 3636070673

Birkenbihl, Vera F.: Story Power, 2002, Gabal, ISBN 3897492288

Buhr, Andreas: AGIERE – Schritte zur Kraft des Handelns, 2005, Orell Füssli, ISBN 3280051282

Buhr, Andreas: GO! Die Kunst das Leben zu meistern, 2002, mvg Verlag, ISBN 3478730309

Canfield, Jack: Hühnersuppe für die Seele, 1996, Goldmann, ISBN 3442132096

Carnegie, Dale: Sorge Dich nicht – lebe!, 2003, Fischer Taschenbuch, ISBN 3596506921

Chopra: Das Buch der Geheimnisse, 2005, Goldmann, ISBN 13 9783442337415

Christiani, Alexander: 111 Motivationstipps für persönliche Höchstleistungen, 2002, mvg Verlag, ISBN 3478731801

Coelho, Paulo: Der Alchimist, 1996, Diogenes Verlag Zürich, ISBN 3257061269

Crainer, Stuart: Die 75 besten Management-Entscheidungen aller Zeiten, 2002, Verlag Moderne Industrie, ISBN 3478812720

Csikszentmihalyi, Mihaly: Flow, 2002, Klett-Cotta, ISBN 3608957839

De Gaulle, Charles: Vive la France, vive l'Europe, 1969, Deutscher Taschenbuch-Verlag, ISBN B0000BR4NE

Dyer, Wayne: Ändere deine Gedanken und dein Leben ändert sich, 2008, Goldmann, ISBN 9783442218059

Einstein, Albert: Mein Weltbild, Februar 2005, Ullstein Taschenbuch, ISBN 3548367283

Emerson, Ralph Waldo: Zitate, 1983, ISBN 3923117329

Emerson, Ralph Waldo: Ausgewählte Texte, 1987, Goldmann München, ISBN 3442084415

Enkelmann, Nikolaus: Die besten Zitate von Nikolaus B. Enkelmann, 2005, Gabal, ISBN 3897495929

Enkelmann, Nikolaus: Das Glückstraining. Probleme in Erfolg verwandeln, 2003, Moderne Verlagsgesellschaft mvg, ISBN 3478731607

Enkelmann, Nikolaus: Mit Freude erfolgreich sein, Motivieren – Begeistern – Überzeugen, Arbeitsbuch zur Persönlichkeitsbildung, MVG, ISBN 3478086795

Enkelmann, Nikolaus/Claudia E.: Glück Erfolg Reichtum – Die Schatzkammer Ihres Lebens, 2013, Enkelmann Erfolgsedition GmbH, ISBN 9783981620900

Fedrigotti, Anthony: Zum Erfolg geboren, 2003, Axent, ISBN 3928086898

Fritze, Nicola: Raus aus der Grübelfalle! – Wie Sie Ihre Denkgewohnheiten ändern und Ihre Persönlichkeit gezielt weiterentwickeln, 2011, Südwest Verlag, ISBN 9783517086613

Fromm, Erich: Die Kunst des Liebens, 2005, Ullstein Taschenbuch, ISBN 3548367844

Geffroy, Edgar K.: Machtschock, 2002, Campus Sachbuch, ISBN 3593369508

Gray, John: So bekommst du, was du willst, und willst, was du hast, 2002, Goldmann, ISBN 3442151864

Gray, John: Männer sind anders. Frauen auch, 1998, Goldmann, ISBN 344216107X

Hamer, Dean und Copeland, Peter: Das unausweichliche Erbe, 2000, Scherz Verlag, ISBN 3502192928

Harv Eker, T.: So denken Millionäre – Die Beziehung zwischen Ihrem Kopf und Ihrem Kontostand, 2010, Heyne, ISBN 9783453685512

Hesse, Hermann: Siddhartha. Eine indische Dichtung, 2002, Suhrkamp, ISBN 3518366823

Hill, Napoleon: Denke nach und werde reich, 2000, Ariston, ISBN 372051935X

Johnson, Spencer: Die Mäuse-Strategie, 2000, Ariston, ISBN 3720521222

Johnson, Spencer: Das Geschenk. Wie Sie von heute an glücklicher und erfolgreicher sind, 2003, Hugendubel, ISBN 3720525198

Kästner, Erich: Fabian. Die Geschichte eines Moralisten, 1989, DTV, ISBN 3423110066

Kästner, Erich: Als ich noch ein Junge war, 2003, DTV, ISBN 3423130865

Kienauer, Peter F.: Auf der Spur der Sieger, 2003, Linde Wien, ISBN 3709300045

Kinshofer, Christa und Kremer, Alfred J.: Fit for Success, 2001, Verlag Moderne Industrie, ISBN 347824790X

Knoblauch, Jörg W. u.a.: Dem Leben Richtung geben, 2004, Campus Verlag, ISBN 3593373238

Kobjoll, Klaus: Motivaction – Begeisterung ist übertragbar, 2000, Orell Füssli, ISBN 3280021928

Kübler-Ross, Elisabeth: Geborgen im Leben, 2003, Droemer Knaur, ISBN 342677593X

Kübler-Ross, Elisabeth: Erfülltes Leben – würdiges Sterben, 2004, Gütersloher Verlagshaus, ISBN 3579022008

Küstenmacher, Marion/Werner Tiki: Gott 9.0, 2011, Gütersloher Verlagshaus, ISBN 9783579065465

Lejeune, Erich J.: Du schaffst, was du willst! Oktober 2002, Heyne, ISBN 3453211812

Lejeune, Erich J.: Lebe ehrlich, werde reich! 2002, MVG, ISBN 3478717906

Lassen, Arthur: Heute ist mein bester Tag, 20. Auflage Oktober 2005, bestellbar unter www.let-verlag.de

Löhr, Jörg: Einfach mehr vom Leben, Anleitung für Glück und Erfolg, 2001, Südwest-Verlag, ISBN 3517062391

Löhr, Jörg: Lebe deine Stärken! Wie du schaffst, was du willst., 2004, Econ, ISBN 3430123456

Lundin, Stephen C., Paul, Harry und Christensen, John: FISH!, 2001, Ueberreuter Wirtschaft, ISBN 3706407566

May, Rollo: Liebe und Wille, 1988, Edition Humanistische Psychologie, ISBN 3926176202

Messner, Reinhold: Die Freiheit, aufzubrechen, wohin ich will, 2002, Malik Verlag, ISBN 3890292402

Messner, Reinhold: Mein Leben am Limit, 2005, Piper Verlag, ISBN 3492245358

Messner, Reinhold: Berge versetzen. Das Credo eines Grenzgängers, 2001, BLV Verlagsgesellschaft, ISBN 3405148693

Millman, Dan: Der Pfad des friedvollen Kriegers, 2001, Ansata Verlag, ISBN 3778770950

Millman, Dan: Erleuchteter Alltag, 2002, Heyne, ISBN 3548740413

Mohr, Bärbel: Der kosmische Bestellservice, 1999, Omega Verlag Bongart-Meier, ISBN 3930243156

Mohr, Bärbel: Mein Wundertagebuch, 2006, ISBN 3936862850

Mohr, Bärbel: Universum & Co., 2000, Omega Verlag Bongart-Meier, ISBN 3930243180

Mommertz, Paul: Gott undsoweiter. HerzSchlagZeilen. Aphorismen, 1989, ISBN 3786714215

Mulford, Prentice: Meisterschaft des Lebens, 1991, Heyne, ISBN 3453049586

Murphy, Dr. Joseph: Die Macht Ihres Unterbewusstseins, 2002, Ariston, ISBN 3720523667

Münchhausen, Marco von: So zähmen Sie Ihren inneren Schweinehund, 2002, Campus Sachbuch, ISBN 3593369222

Nydahl, Lama Ole: Wie die Dinge sind – Eine zeitgemäße Einführung in, 2004, MensSana, ISBN 9783426872345

Peace, Allan & Barbara: Warum Männer nicht zuhören und Frauen schlecht einparken, 2000, Ullstein Taschenbuch, ISBN 3548359698

Pfeifer, Helmut: Power ja – Stress nein, 2001, MVG, ISBN 3478732441

Pramann, Ulrich: 365 Tage fit, 2004, Knaur, ISBN 3426668211

Robbins, Anthony: Das Power-Prinzip, Grenzenlose Energie, 2004, Ullstein Taschenbuch, ISBN 3548742270

Rogers, Carl R.: Entwicklung der Persönlichkeit, 2002, Klett-Cotta, ISBN 3608943676

Ruge, Nina: Alles wird gut, 2004, Ullstein Taschenbuch, ISBN 3453870026

Ruge, Nina: Mein persönliches Alles wird gut Buch, 2003, Ehrenwirth, ISBN 343103134X

Ruge, Nina: Der unbesiegbare Sommer in uns, 2013, Kailash, ISBN 9783424630718

Scherer, Hermann: Schatz Finder – Warum manche das Leben ihrer Träume suchen – und andere es längst leben, 2013, campus, ISBN 9783593398310

Schmidt, K.O.: Seneca – der Lebensmeister, 2005, Drei Eichen, ISBN 3769904265

Literaturempfehlungen und Quellenhinweise

DANKE

Schonert-Hirz, Sabine: energy,
2002, Gräfe & Unzer, ISBN 3774232296

Seiwert, Lothar: Ausgetickt – Lieber selbstbestimmt als fremdgesteuert,
2011, Ariston, ISBN 9783424200584

Seiwert, Lothar: Die Bären-Strategie: In der Ruhe liegt die Kraft,
2011, Ariston, ISBN 978-3424200553

Seiwert, Lothar: Lass Los und du bist Meister deiner Zeit,
2014, Gräfe und Unzer, ISBN 9783833833908

Seiwert, Lothar: Simplify your Time: Einfach Zeit haben,
2013, Knaur, ISBN 978-3426783863

Seiwert, Lothar: Zeit ist Leben, Leben ist Zeit,
2013, Ariston, ISBN 9784324200751

Siegfried & Roy: Weisheiten, die dein Leben verändern,
1999, EDIS GmbH Editionsdistribution, ISBN 3931618056

Schmidt, K.O.: Das ABC des glücklichen Lebens, 1985, FRICK Verlag-GmbH, ISBN 3920780442

Schweizer, Albert und Rudolf Grabs: Aus meinem Leben und Denken Oktober,
2004, Fischer Taschenbuch, ISBN 3596128765

Spitzbart, Michael: Fit Forever, die 3 Säulen für Ihre Leistungsfähigkeit,
2002, Heyne, ISBN 3453197437

Stielau-Pallas: Alfred, Die Macht der Dankbarkeit,
2002, Pallas, ISBN 3936521115

Tepperwein, Kurt: Die geistigen Gesetze,
2002, Goldmann, ISBN 3442216109

Tracy, Brian: Thinking big,
1998, Gabal, ISBN 3930799731

Tracy, Brian: Erfolg ist eine Reise,
2000, Dr. Th. Gabler Verlag, ISBN 3409115498

Walsch, Neale Donald: Gespräche mit Gott Band 1, Ein ungewöhnlicher Dialog,
1997, Goldmann, ISBN 3442307376

Wagener, Karl Friedrich: Mit den Adlern fliegen...,
1997, erschienen im Erfolgs-Training-Verlag Wagener

Wessbecher, Harald: Die Energie des Geldes,
2004, Heyne, ISBN 345370004X

Williams, Arthur L.: Das Prinzip Gewinnen – Tun Sie alles, was Sie tun können, und Sie werden alles erreichen!,
2006, Redline Wirtschaft, ISBN-13: 9783636013392

Wilson, Paul: Das große Buch der Ruhe,
2000, Heyne, ISBN 3453180909

Außerdem noch ein Tipp im Internet: www.aphorismen.de – eine wirklich beeindruckende Sammlung an inspirierenden Zitaten!

Deine Erfahrungen

Sicher hattest Du bereits während des Lesens immer wieder Momente, in denen Du Dich an eine ganz bestimmte Situation, Begegnung, einen Gedanken und/oder ein Gefühl in Deinem Leben erinnert hast. Momente des Glücks, des Dankes, der Freude oder auch Momente des Zweifelns, der Angst, die Du dann jedoch überwunden hast. Sende uns Deine (Lebens-)Erfahrungen und Erlebnisse, Deine „Rezepte für die Seele“ zu. Schreibe Deine Gedanken hier nieder.

Sende sie per Post an:
Gerd Kulhavy
Stichwort: DANKE
Burghaldenweg 5B
70469 Stuttgart

Oder per E-Mail an:
info@danke-und-werde-gluecklich.de

Wir freuen uns auf Eure Zusendungen, und in der nächsten Buch-Auflage findet Ihr nach vorheriger Absprache mit den Autoren die ein oder andere wahre Geschichte.

Angaben zum Autor

Dein Zu- und Vorname:

Anschrift:

Telefon:

E-Mail:

Ihre ganz persönliche Art DANKE zu sagen

Es gibt viele Gründe, einem verdienten Mitarbeiter, einem wichtigen Kunden oder einem verlässlichen Geschäftspartner seine Wertschätzung in Form eines Geschenkes auszudrücken.

Sagen Sie DANKE für eine erfolgreiche gemeinsame Zeit und zeigen Sie Anerkennung. Motivieren Sie Ihre Mitarbeiter oder heißen Sie neue Kollegen mit einem Geschenk herzlich willkommen.

Ihr persönliches Vorwort

Individuell gestaltbare Umschläge

Ihre individuelle Firmenausgabe

Gestalten Sie den Umschlag des Buches ganz individuell entsprechend Ihrem Firmenauftritt. Widmen Sie Ihren Mitarbeitern, Kunden und Geschäftspartnern auf den ersten Seiten dieses Buches ein paar persönliche Zeilen. Damit ist die Überraschung perfekt! Verpacken Sie Ihre Firmenausgabe liebevoll und betonen Sie dadurch die Besonderheit des Geschenkes.

Das ideale Geschenk für Ihre Kunden

Verkaufsdisplay in 3 Farben

Das Verkaufsdisplay für Ihren Medienshop

Nutzen Sie die Möglichkeit und bieten Sie in Ihrem Medienshop das DANKE-Buch für 29,90 EUR an.
Sind Sie immer wieder auf der Suche nach neuen Geschenk-Ideen für Ihre Gäste, Patienten und Kunden, dann ist das DANKE-Verkaufsdisplay genau der richtige Weg für Sie.

IHRE FAX-ANTWORT AN +49 711 75 85 84 85

- ☐ Ja, bitte senden Sie mir ____ Exemplar(e) des DANKE-Buches für je 29,90 EUR zu.
- ☐ Ja, bitte senden Sie mir weitere Informationen rund um eine individuelle Firmenausgabe des DANKE-Buches zu.
- ☐ Ja, ich habe Interesse am DANKE-Verkaufsdisplay. Bitte senden Sie mir weitere Informationen zu.
- ☐ Ja, ich bin interessiert am DANKE-Buch. Bitte kontaktieren Sie mich telefonisch.

Firma ....

Vor- und Zuname ....

Straße / Nr. ....

PLZ / Ort ....

Telefon / Fax ....

E-Mail ....

www.danke-und-werde-gluecklich.de • danke@speakers-excellence.de